AF549811

Eine berührende Botschaft aus dem Reich der Tiere,
die alle Leserinnen und Leser dazu einlädt,
ihren Geist für ein tieferes Verständnis zu erweitern
und das Herz einem größeren Mitgefühl zu öffnen.

Angelo

Aurelia Louise Jones

Angelos Botschaft

Angelo, die Engelskatze, spricht zu allen Menschen
auf diesem Planeten.

Angelos Botschaft
an alle Menschen dieses Planeten

Angelo, die Engelskatze, spricht im Namen aller Tiere
dieses Planeten.

Lippert - Verlag

Übersetzung: Christiane Konrad
Lektorat: Renate Lippert
Titelbild: Rudolf Lippert
Gestaltung: Renate und Rudolf Lippert

Deutsche Erstausgabe Januar 2012

Tel.: 07578-2229, Fax: 07578-933194
www.lippert-verlag.de
e-mail: service@lippert-verlag.de

Vorwort

Während meiner Amerikareise 2008, als ich den Mount Shasta in Kalifornien besuchte, hatte ich das Glück einer wundervollen Frau zu begegnen - Aurelia Louise Jones.

Wir verbrachten einen Tag in ihrem erstaunlichen und hoch energetischen Garten und durften durch sie zu der unterirdischen Bevölkerung, unseren Brüdern und Schwestern im Mount Shasta, Kontakt aufnehmen. Ihre Bücher über Telos, der unterirdischen Stadt, hatten mich schon seit Langem fasziniert.

Auf ihrem Büchertisch entdeckte ich ein Büchlein von ihr, das ich noch nicht kannte - *Angelos Botschaft*. Angelo ist Aurelias Kater, der ihr auf telepathischem Wege dieses Büchlein übermittelt hatte. Ich kaufte es und auf der langen Heimreise im Flugzeug begann ich darin zu lesen.

Nach einigen Seiten des Staunens hörte ich eine Stimme, die aus der geistigen Welt zu mir sprach, und dann sah ich ihn. Es war Angelo, der mich begrüßte.

Wir unterhielten uns ein wenig und dann fragte er mich, ob ich nicht sein Büchlein ins Deutsche übersetzen würde. Daraufhin versprach ich ihm, bald damit zu beginnen.

Es zeigte sich dann, dass ich doch länger für die Übersetzung gebraucht hatte, als ich anfänglich dachte. Angelos Botschaft, die er an die Menschen richtet, ist sehr tief greifend, berührend und heilsam.

Anfang 2009 schrieb ich dann eine Mail an Aurelia Louise, in der ich ihr von der Übersetzung berichtete. Daraufhin antwortete sie mir bald und war sehr erfreut darüber.

Sie bat mich darum, mich mit dem Lippert-Verlag in Verbindung zu setzen, der ihre bislang ins Deutsche übersetzten Werke der Telos-Bücher bereits veröffentlicht hatte und sie wollte, sobald die Zustimmung des Verlages vorliegen würde, die Bilder dazu senden.

Leider geschah dann etwas sehr unvorhersehbares. Aurelia Louise Jones verstarb kurz nach unserem Gespräch ganz unverhofft. Sie hinterließ eine große Lücke auf dieser Erde und es dauerte einige Zeit bis die Dinge wieder geordnet waren. Dank Herrn und Frau Lippert konnte dieses Büchlein nun doch noch gedruckt werden, so wie es Angelos und Aurelias Wunsch war und ich danke ihnen dafür.

Ich fühle eine große Dankbarkeit Angelo und Aurelia gegenüber, für die Aufgabe, die ich von ihnen bekommen hatte und die mir eine sehr große Ehre war und ist. Und auch für die Heilung, die ich während des Arbeitens mit dem Buch empfing und für die veränderte Sichtweise des Tier- und Menschenreiches, die ich durch Angelos Worte gewonnen habe.

Wie Angelo selbst sagt: „Wenn ihr meine Worte gelesen habt, werdet ihr nicht mehr dieselben sein“.

Viel Freude, Einsicht, Heilung und Licht beim Lesen.

Christiane Konrad
(Übersetzerin)

Anerkennung und Dank an Mutter Erde

Oh Mutter, meine Tränen fallen auf dein Gesicht.
Ich erinnere mich...
Wir lichten Wesen sind zurückgekehrt,
um unser Netz aus Liebe um dich herum auszubreiten.

Von fernen Sternen und Galaxien,
aus des Lebens Vergangenheit und Zukunft,
kommen wir, um deine Heilung zu begleiten.
Wir, die lichten Wesen, eine Seele nach der anderen,
berühren jeden Tag die Herzen von vielen.
Mit jedem Erkennen lachen und weinen wir.
Unsere Liebe ist reich, fließend und schimmernd.

Wir lichten Wesen dehnen still, in vollkommener Freude,
unsere allumfassende Liebe aus.
Dehne sie aus, jetzt und immer, und wärme dich selbst daran.
Da wir, die lichten Wesen, zurück sind
aus Äonen der Vergangenheit und der Zukunft,
mögen nun Lachen und Tränen der Freude
für immer über dein Gesicht regnen.

(Autor unbekannt. Danke für dieses Gebet!)

Inhalt

Inhalt

Widmung

Angelos Botschaft des Sieges der Liebe

Ich, Angelo, und mein Katzenfreund Tender-Heart, widmen diese Botschaft „des Sieges der Liebe und des Mitgefühls" allen Tieren dieses Planeten.

Wir wissen, dass der Tag an dem die Menschheit genügend Weisheit, Mitgefühl und Liebe in sich trägt, um mit dem Verletzen der Tiere aufzuhören, auch der Tag sein wird, an dem die Menschheit ihren glorreichen Sieg im Göttlichen erkennen wird. Es wird der Tag sein, an dem alle Geschöpfe sich an ihren göttlichen Ursprung erinnern werden und der Himmel wird weit offen sein.

An diesem siegreichen Tag werden wir beginnen, uns den Planeten „gleichwertig" in einer großen Bruderschaft des Lichtes zu teilen. Die Menschheit wird das Tierreich auf einer höheren Ebene des Lichtes wahrnehmen können, und auch den großen Anteil der Hilfe, den wir, auf unsere Kosten, für ihre Evolution geleistet und auch wie wir darunter gelitten haben, erkennen. Wie viel Missbrauch wir tolerierten für hunderttausende von Jahren, weil wir euch sehr lieben.

Wir wollen den Menschen unsere große Anerkennung aussprechen, die so kompromisslos und vertrauensvoll die Rechte der Tiere und ihr Wohlergehen verteidigen. Wir danken Mutter Erde, die uns mit so viel Liebe und Toleranz aufnimmt. Wir wollen ihr unsere tiefste Dankbarkeit zeigen, weil sie für Menschen, wie auch für Tiere, die Plattform bereitstellt, die wir für unseren evolutionären Prozess benötigen.

Wisst, dass diejenigen, die sich so unermüdlich auf diesem Planeten für die ethische Behandlung von Tieren einsetzen, die uns hüten und beschützen, diejenigen sein werden, die über alle Maßen von Millionen von Wesen aus dem Tier- und Engelreich, aus den vielen Galaxien, Planeten und Dimensionen, sehr geliebt und geachtet werden. Ihr werdet bald reich entlohnt werden.

Wir, die Wesen aus dem Tierreich, werden uns zusammenschließen und die Früchte unseres immensen Leidens und der Bürden, die wir über lange Zeit und viele Zeitalter für die Evolution der Erde getragen haben, an alle reinen Wesen zum Sieg der Liebe und des Mitgefühls übergeben.

Wir möchten auch die wundervollen neuen Tiere willkommen heißen, die bald kommen werden, um den herrlichen Planeten, die hell strahlende Erde, in ihrer neuen Form zu bewohnen. Doch Angelo sagt, dass diese Zeit erst kommen wird, wenn die Gewalttätigkeit beendet ist und wir ihnen versichern, dass sie als Brüder und Schwestern begrüßt werden.

I.

Eine Botschaft von Angelo für alle Menschen auf diesem Planeten

Angelo, die Engelskatze, spricht im Namen aller Tiere auf diesem Planeten.

Einführung von Angelo

Mein Name ist Angelo. Ich wurde am 31. Mai 1994 geboren. Mit meinem guten Freund Tender-Heart kam ich erneut zurück zur Erde. Ich möchte bescheiden bleiben, doch ich muss zugeben, dass ich ein sehr hübscher balinesischer Blue Point – Kater bin, und Tender-Heart ein wunderschöner weißer, langhaariger Kater ist. Wir sind beide Engelskatzen und wir kommen aus dem Engelreich der Katzen, aus Gottes Tierreich. Unser Planet ist einer von verschiedenen Katzenplaneten, die es gibt.

Mein Freund Tender-Heart ist eine Heilerkatze. Auf meinem Planeten „Khaath“ bin ich einer der Regenten und als spiritueller Lehrer bekannt. Würde ich nicht hier inkarniert sein, wäre ich das, was ihr einen Prinzen nennen würdet. Ich bin königlicher Abstammung.

Wir sind beide kastrierte männliche, gleichaltrige Tiere und wir waren beide auf dieser Erde eine sehr lange Zeit als Katzen in vielen verschiedenen Katzenkörpern inkarniert.

Wir sind sehr gute Freunde und wir verbrachten zwischen unseren Inkarnationen durch unsere innige Freundschaft viel Zeit miteinander.

Tatsächlich waren wir seit Jahrhunderten in vielen Inkarnationen Katzen auf dieser Erde. Als wir uns in diesem Leben wieder trafen, erkannten wir uns augenblicklich und es war ein berührender Moment für mich, meinen alten Freund wiederzusehen.

Ich wurde von meiner Mutter Saffire, zusammen mit vier weiteren Geschwistern, im Haus von Aurelia Louise geboren. Drei meiner Geschwister fanden ein gutes, liebevolles Zuhause und leben nicht mehr mit uns. Doch meine Schwester Precious, die für ein Jahr in einem neuen Zuhause lebte, kam nach schlechten Erfahrungen wieder zu uns nach Hause zurück.

Als wir klein waren, war ich das größte Kätzchen aus dem Wurf. Daher konnte meine „Mom", Aurelia Louise, mich gut von den anderen unterscheiden, da balinesische Katzen ganz Weiß geboren werden und erst nach ungefähr sechs Wochen persönliche Merkmale aufweisen.

Einige Monate später, als Aurelia Louise Tender-Heart fand und ihn mit nach Hause brachte, war ich überwältigt vor Freude. Tender-Heart wusste, dass er in diesem Leben auf die Erde gekommen war, um wieder bei Aurelia Louise zu leben und auch mit mir. Er wurde ca. eineinhalb Kilometer von unserem Haus entfernt einen Monat vor mir geboren.

Als er ein Jahr alt war und Louise sich in seinem Leben noch immer nicht gezeigt hatte, entschloss er sich sein Heim zu verlassen, um sie zu suchen. Als er los wanderte, wusste er nicht, wo sie lebte und wohin er gehen sollte. Auf der Suche nach ihr verlief er sich. Er wurde krank und hungerte, war schwach und sehr abgemagert. Mit seiner Überzeugung, Louise zu finden, lebte er einige Wochen lang auf der Straße und wäre beinahe gestorben.

Eines Tages, im April 1995, machte Louise einen Spaziergang über die Felder. Auf einer Straße, einige Meilen von unserem Haus entfernt, sah er sie. Er war fast zu schwach, um ihr entgegen zu gehen, doch er wusste, dass dies seine einzige Chance sein würde. Er kämpfte mit seinem schwachen Körper, um sich zu ihr zu schleppen. Sein kleines Herz klopfte vor Freude, in der Hoffnung, dass sie ihn erkennen und mit nach Hause nehmen würde.

Als er näher kam und sie ihn sah, begann sie sanft mit ihm zu sprechen. Tender-Heart sagte mir: „Ich legte meine beiden Vorderpfoten auf ihre Knie und schaute ihr direkt in die Augen. Ich versuchte mich an ihre telepathischen Kräfte zu wenden, so gut ich es in meinem Katzenkörper konnte, um ihr zu sagen, dass sie mich mitnehmen solle. Zuerst erkannte sie mich nicht, aber sie begriff einen Teil meiner Botschaft und nahm mich mit nach Hause. Sie hatte Mitleid, da ich sehr krank, hungrig und schwach war. Als sie mich auf den Arm genommen hatte, entspannte ich mich und streckte meinen Körper aus, so dicht an sie heran wie ich konnte, um meine Dankbarkeit auszudrücken und sie wissen zu lassen, dass sie der Mensch war, nach dem ich suchte.

Als ich in ihrem Haus ankam, war ich voller Hoffnung. Ich wusste, dass ich am richtigen Platz angekommen war und dass sie mich gesund pflegen würde, was sie dann auch tat.

Als ich dich sah, Angelo, erkannte ich dich gleich und wäre am liebsten sofort auf dich zu gesprungen, um mit dir zu spielen, aber ich war zu schwach. Ich war so glücklich, als du nahe zu mir kamst, um mich willkommen zu heißen und als du während der nächsten Monate meiner Genesung nahe bei mir verweiltest."

In unseren letzten Inkarnationen hatten wir beide einige gute und einige traurige Leben als Katzen. Dieses Leben ist sehr angenehm für uns. Wir genießen ein wundervolles Heim mit Aurelia Louise, wir bekommen jeden Tag viel Liebe und Streicheleinheiten, einen warmen Platz um unsere Körper niederzulegen und gutes Futter. Wir dürfen auch ihr Bett mit ihr teilen, wenn wir es wollen. Sie spricht viel mit uns und wir haben eine tiefe Beziehung zu ihr. Das macht uns zu glücklichen Katzen, weil wir uns geliebt und verstanden fühlen. Wir können das tun, wozu wir in dieses Leben gekommen sind und wir helfen ihr bei ihrer Arbeit auf unsere eigene Art und Weise.

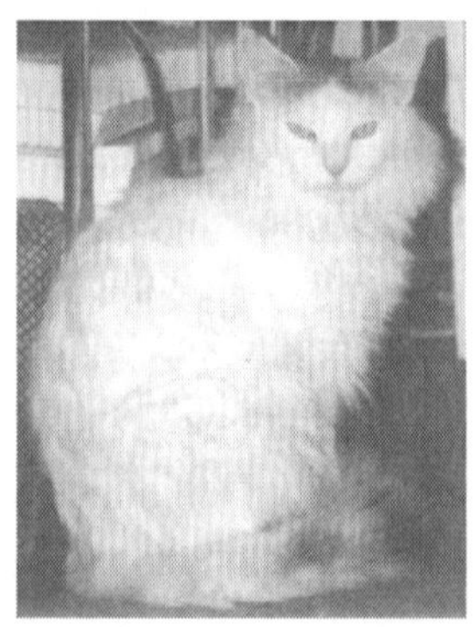

Tender-Heart

Die Bestimmung der Tiere

Die Bestimmung der Tiere auf dieser Erde ist für die Menschen nicht sehr offensichtlich und wird zumeist missverstanden. Ich möchte den Menschen die wichtige Botschaft überbringen, dass alle Tiere mit einer besonderen Absicht auf die Erde kommen, die vom Schöpfer und Mutter Erde festgelegt wird, die sie erfüllen möchten, wenn sie nicht von den Menschen dabei gestört oder davon abgehalten werden.

Louise weiß dies und stellt uns eine gute Umgebung zur Verfügung, in der wir unsere Arbeit und Mission hier auf dieser Erde leicht erfüllen können. Wir helfen dem Gitternetz der Erde mit unserer Arbeit in einer Weise, die eher feinstofflich als physisch ist.
Katzen sind Vermittler und helfen die Energie des Planeten auszugleichen. Ihre Energien sind eher den femininen Energien zuzuordnen. Es ist sehr wichtig für Katzen, die Erde berühren zu dürfen und sich frei zu fühlen, wann auch immer sie das Bedürfnis haben. Das ist ein Teil unserer Arbeit. Wie vielen Katzen wird nie die Möglichkeit gegeben die Erde zu berühren?

Wir arbeiten eng mit der Erdenmutter zusammen, sie ist unsere Göttin. Wir sind auch Wesen, welche die Menschen willkommen heißen, Heiler und Gefährten. Wir singen das Lied der Liebe für euch durch unser Schnurren. Unser Schnurren ist beruhigend und entspannend für Menschen. Wir inkarnieren oft für einen ganz besonderen Menschen und werden dann häufig von eben dieser Person, die wir unterstützen möchten, ausgesetzt und abgelehnt. Katzen nehmen häufig negative Gefühle und Energien von ihren Menschen und der Umgebung auf. Das hilft den Menschen sehr, weil es ihre Last erleichtert. Sehr oft beschützt es sie vor den unterschiedlichsten Gesundheitsproblemen. Wir sehen uns als eine Art „Puffer“ für die Menschheit.

Der Lebenssinn der Hunde ist ein anderer. Ihre Energie ist der männlichen Energie ähnlicher. Sie sind vertrauensvolle Kameraden und Beschützer für die Menschheit. Es sind sehr kraftvolle Seelen. Sie besitzen die Fähigkeit zur Liebe, auch wenn sie misshandelt werden, und sich ein Beispiel an ihnen zu nehmen, ist die bedeutungsvollste Lektion, die ein Mensch zu lernen hat, wenn er seine göttliche Bestimmung erreichen will.

Hunde sind große Lehrer der bedingungslosen Liebe für ihre menschlichen Freunde. Auch sie nehmen menschliche Gefühle in ihren Körpern auf und leiden manchmal sehr in Stille darunter, ohne sich zu beschweren. Selbst wenn sie schlecht behandelt werden, sind sie noch gewillt zu lieben. Man benötigt ein hohes Maß an Missbrauch und Vernachlässigung, um einen Hund davon abzuhalten zu lieben.

Die Hilfe, die Hunde ihren Menschen geben ist mehr physischer Natur als die der Katzen. Sie haben auch ihren eigenen Hundehimmel auf ihren eigenen Planeten, um sich zwischen den Inkarnationen auf der Erde auszuruhen. Kurz gesagt, Katzen sind in ihrer Arbeit sehr subtil und spirituell, Hunde eher physisch und erdverbunden. Keines von beiden ist besser oder schlechter, sie sind einfach unterschiedlich in ihrer Hilfe für die Menschen.

Im Allgemeinen wissen das die Menschen nicht und immer noch behandeln sie zu viele Tiere als wären sie Gegenstände, ohne Lebensaufgabe und Gefühle. Viele Menschen weigern sich zu akzeptieren, dass Tiere, in ihren verschiedensten Manifestationen, die Verlängerung des Armes Gottes sind, und dass jedes seiner

Geschöpfe ihm so lieb ist wie das andere. Gott liebt alle seine Geschöpfe und er behandelt alle lebenden Wesen mit höchstem Respekt und Hochachtung. In Gottes Augen ist keines weniger wert oder besser als das andere. Alle sind perfekt, so wie sie sind. Weil die Schöpfung eine so große Vielfalt aufweist, sind Tiere einfach nur anders als Menschen.

Gott erwartet von den Menschen, dass sie dieselbe Liebe und dasselbe Mitgefühl für alle Lebewesen besitzen, so wie sie es sich für sich selbst wünschen würden. Jedes Tier auf diesem Planeten hat einen bestimmten Lebenssinn, der ihm vom großen Schöpfer gegeben wurde. Wenn Menschen Tiere töten, ohne ihre Zustimmung dafür zu haben, bleibt ihre Aufgabe unerfüllt und der Planet und seine Bewohner leiden darunter.

Wir sind in Wahrheit eure jüngeren Brüder und Schwestern auf der Leiter der Evolution.Wir schauen zu den Menschen auf, um Hilfe und Freundschaft zu bekommen, genauso wie ihr zu den Engeln aufschaut, um Hilfe, Liebe und Freundschaft zu empfangen.

So wie ihr die Hilfe der höheren Ebenen empfangt, so solltet ihr sie an diejenigen weitergeben, die jünger sind in der Evolution. Niemand kann jemals einen von uns umbringen oder uns Schmerz zufügen, ohne dabei für sich selbst eine Form oder eine Situation des Schmerzes und des Leidens zu erschaffen, die sich früher oder später manifestiert. Das ist ein universelles Gesetz.

Das Tierreich

Das Katzenkönigreich wird von wundervollen, intelligenten, großen Katzenwesen regiert, welche „Katzenwächter“ und „Katzen-Schutzengel“ genannt werden. Es sind großartige, liebevolle, sanfte und fürsorgliche Wesen von eindrucksvoller Gestalt. In der geistigen Welt gibt es viele Katzenplaneten und ich komme von einem von ihnen, der „Kaath“ genannt wird, ein sechsdimensionaler Planet in der Sirius-Galaxie.

Wir sind sehr viel intelligenter als ihr es uns zutrauen würdet und wenn wir nicht in der Begrenzung unseres physischen Körpers hier auf der Erde leben, dann hat unsere Intelligenz die Qualität und die Größe des Bewusstseins der sechsten Dimension. Wir sind genauso intelligent wie irgendein Mensch, oft sogar viel intelligenter. Tatsächlich können wir telepathisch kommunizieren, während die meisten Menschen diese Fähigkeit verloren haben.

Wir haben auch eine umfassendere Sicht, die uns befähigt, weit mehr als die physische Dimension zu sehen; auch eine Fähigkeit, die das Menschenreich verloren hat. Wir leben ein einfaches Leben und wir können nicht verstehen, warum Menschen ihr Leben so kompliziert gestalten, wie sie es tun. In Wirklichkeit könnte das Leben auf der Erde sehr einfach und wunderschön sein.

Die Gattung der Hunde wird von ähnlichen, wundervollen Wesen regiert und geleitet, den geistigen großen Hundewesen, den „Hundewächtern“ und „Hunde-Schutzengeln“. Dies sind auch großartige, wundervolle Wesen von eindrucksvoller Statur und sie stammen von vielen verschiedenen Planeten.

Pferde haben auch ihre eigenen geistigen Führer, die „Pferdewächter“ und die „Pferde-Schutzengel“ und sie haben auch ihre eigenen Pferde-Heimatplaneten, die im Wesentlichen auch das Bewusstsein der sechsten Dimension haben. Alle Tierarten, die in der weiten Schöpfung existieren, haben ihre eigenen Planeten und Hierarchien. Die Vielfalt der Tierarten ist von solch einer Bedeutung, dass es für die meisten Menschen jenseits ihrer Fähigkeit liegt, dies zu verstehen.

Jede Tierart hat ihre eigenen geistigen Führer und Regenten, die auf sie aufpassen und die für die himmlische Ebene der jeweiligen Tierart zuständig sind. Alle Tiere sind in ihren himmlischen Reichen viel schöner als diejenigen, die ihr hier auf der Erde seht und wir betrachten unsere Erdenkörper nur als zeitlich begrenzt, so wie die euren. Ihr seid auch großartig in euren spirituellen Körpern.

Aurelia Louise ist sich der Tier-Schutzengel bewusst und nutzt ihre Dienste häufig, wenn sie ein Tier in einer Notlage findet, das Hilfe braucht. Sie nimmt gerne die Hilfe der Engel und Wächter an, da sie schon sehr oft gute Resultate damit hatte, wenn sie nach ihnen rief.

Die meisten Menschen wissen nichts über die Tier-Schutzengel und rufen sie daher auch nicht an. Wenn jemand nach ihnen ruft, freuen sie sich und sind sofort da um zu helfen. Louise ruft die Katzenwächter wenn es ein Problem mit einer Katze gibt und sie ist jedes Mal über die Auswirkungen sehr erstaunt. Louise erzählte mir, dass meine Mutter Saffire, als sie noch klein war, viel unterwegs war und dass sie immer wieder einmal verschwunden war. Jedesmal wenn Saffire verschwunden war, rief sie die Katzenwächter zur Hilfe, um sie zu finden.

Sie sagte, dass die kleine Katze, jedesmal wenn sie um Hilfe bat, wie auf magische Art und Weise nach Hause fand oder dass jemand sie heimbrachte, der sie gefunden hatte. Schließlich bat Louise die Katzenwächter einige Katzenengelwesen um den Zaum herum zu platzieren, um sie am Davonlaufen zu hindern. Louise berichtete, dass Saffire von diesem Tag an für fast ein Jahr den Hof und den Garten nicht verlassen hatte und nie wieder verschwunden war.

Als meine Mutter Saffire alt genug war, um Junge zu bekommen, wollte Louise einen wunderschönen Kater für sie haben, der genauso schön sein sollte wie Saffire. Sie konnte aber keinen finden. So richtete Louise ihre Bitte an die Katzenwächter, einen sehr schönen Kater für Saffire zu finden. Ratet einmal was geschah! Einige Stunden später zeigte sich ein sehr hübscher, zutraulicher und freundlicher Himalaya-Kater an der Tür. Und so kamen, 64 Tage später, zwei wunderschöne Kätzchen zur Welt – eine balinesen-himalaya Mischung.
Zu der Zeit, als die Kätzchen geboren wurden, war Saffire noch sehr jung, nicht ganz ein Jahr alt. Sie verstand nicht, was mit ihr geschah und sie wusste nicht, was sie tun sollte. Als die Kätzchen geboren waren, bekam sie Angst und machte keine Anstalten sie zu versorgen. Sie versuchte vor ihnen wegzulaufen.

Louise sah dies und versuchte zu helfen, aber sie war besorgt, dass die neugeborenen Kätzchen leiden oder sterben würden, wenn die Mutter sich nicht bald um sie kümmern würde. Louise versuchte Saffire zu zeigen, was sie tun sollte, doch ohne Erfolg. Dann erinnerte sie sich an die Katzenwächter und bat sie um Hilfe. Sie reagierten sofort. Louise beschrieb ihnen das Problem und bat sie, Saffire in ihrer Katzensprache zu erklären, was geschehen war und ihr zu zeigen, wie sie sich um ihre Jungen kümmern sollte.

Innerhalb von ein paar Minuten begann Saffire ihre Kleinen zu lecken und sie zu versorgen und sie hörte wochenlang nicht mehr damit auf. Sie bewies, dass sie eine der wunderbarsten, hingebungsvollsten Katzenmütter war. Ich hatte sie von meinem Platz im Katzenhimmel aus beobachtet. Ich wollte wieder einmal als Katze zurück auf die Erde kommen, zu Louise, und ich wusste, dass Saffire das nächste Mal meine Mutter sein würde.

Ein Jahr später, ungefähr zur selben Zeit, bekam Saffire noch einmal Junge. Das war als ich, zusammen mit meinen Geschwistern, geboren wurde. Louise rief die Katzenwächter, hauptsächlich um bei der Geburt zu helfen. Sie bat sie darum, die Geburt zu überwachen und sicher zu stellen, dass alles sanft verlief. Sie kamen in ihren spirituellen Katzenkörpern, um bei unserer Geburt zu helfen und die Geburt verlief so reibungslos wie erwartet. Saffire wusste dieses Mal genau was zu tun war. Sie gab uns wunderbare, liebevolle Fürsorge. Louise überwachte alles sorgfältig, musste aber nicht eingreifen, wie sie es beim ersten Mal getan hat.

Die Katzenwächter bedeuten für die Katzen dasselbe wie die Schutzengel für die Menschen. Sie sind für menschliche Augen unsichtbar, doch manche Menschen können sie sehen. Ich will euch beschreiben, wie sie aussehen können. Ihre Gestalt ist unterschiedlich. In der Regel sind sie ziemlich groß, so wie ein Löwe oder noch größer, sehen aber aus wie eine Hauskatze. Sie sind viel schöner als alle Hauskatzen, die man auf der Erde sehen kann. Diejenigen, die Louise sah, hatten wunderschönes, glänzendes, seidiges, weißes, langes Haar, mit großen, freundlichen, grünen Augen. Diese hoch entwickelten Katzenwesen sind so liebevoll und sanft, dass niemand auf die Idee käme, Angst vor ihnen zu haben. Sie repräsentieren Hingabe und bedingungslose Liebe zum Katzenreich und allem Leben gegenüber.

2.

Wichtige Botschaft von Angelo und Tender-Heart

Angelo spricht

Unsere Botschaft betrifft nicht nur Katzen, sondern alle Tiere in Gottes Reich. Seht ihr, viele Menschen realisieren noch nicht, dass Tiere nicht dazu geboren wurden, um als Ware behandelt zu werden, für Profit und Experimente benutzt und missbraucht zu werden. Haustiere werden zur Erde gesandt, um einer speziellen Person Begleiter zu sein, der sie zugewiesen werden. Häufig werden sie "weggeworfen", ausgesetzt, grausam behandelt, gerade von den Personen, zu denen sie gekommen sind, um sie zu lieben und ihnen zu helfen.

Hunde sind keine Geschöpfe, die man Tag für Tag angekettet draußen lässt, bei kaltem, nassem Wetter oder in der Hitze. Ihr Geist ist sehr liebevoll. Der Hund ist ein treuer Freund und Begleiter. Die Hunde wollen mit ihrem Menschen, der für sie die Verantwortung übernommen hat, leben und ihm nahe sein. Hunde werden nur schwierig, wenn sie falsch gezüchtet oder falsch behandelt werden. Menschen haben neue Hunderassen gezüchtet und ihre Gene manipuliert. Viele dieser Hundezüchtungen erfüllen nicht Gottes ursprüngliche Absicht, wie Hunde sein sollten und Menschen sollten diese Züchtungen nicht als Hunde betrachten. Es wird ein Segen sein, wenn bestimmte Züchtungen den Planeten verlassen, weil sie nicht hierher gehören.

Zu viele Hunde leben ein einsames, unglückliches Leben, getrennt von ihrer Familie, die sie aufgenommen hat. Es sind eigentlich Rudeltiere und es ist ihr Bedürfnis, in Kontakt mit anderen zu leben. Hunde sind von Natur aus keine Einzelgänger. Es macht uns sehr traurig, so viele Hunde zu sehen, die falsch behandelt werden. Entschuldigt uns, wenn wir uns wiederholen, wir wollen nur sicher gehen, dass ihr versteht.

Wir aus dem Tierreich besitzen Gaben, die wir auf die Erde mitbringen. Wir sind genau wie ihr hier auf der Erde, um Gottes Aufgaben zu erfüllen. Sehr oft können wir euch unsere Gaben nicht anbieten und unsere Lebensaufgabe bleibt unerfüllt, weil die Art, wie wir von euch behandelt werden und die Eingriffe, die wir durch euch erleben, es nicht möglich machen.

Der Hauptunterschied zwischen Tieren und Menschen besteht darin, dass wir die Fähigkeit beibehalten haben, uns an den Grad unserer Göttlichkeit zu erinnern, während so viele von euch dies vergessen haben. Unser Lebenssinn ist ein anderer als eurer, wir betrachten ihn jedoch als genauso wichtig wie euren. Nur weil wir die menschliche Sprache nicht sprechen, bedeutet das nicht, dass wir nicht denken können und dass wir keine Gefühle haben, wir sind sehr viel intelligenter als die Menschen glauben und wir erleben die Gefühle qualitativ in derselben Weise. Wir fühlen Kälte,

Hunger, Schmerz, Trauer, Verlassenheit, Einsamkeit, Angst, Freude, usw. mit derselben Intensität wie Menschen es tun.

Unser Schicksal ist oft sehr schmerzlich, weil die Menschen die Fähigkeit verloren haben, mit uns telepathisch zu kommunizieren und unsere Bedürfnisse bleiben oft unerkannt. Als die Menschen noch mit uns kommunizieren konnten, verstanden sie unsere Art der Intelligenz. Sie hatten großen Respekt vor uns allen. Dies beruhte auf Gegen-seitigkeit und es gab auf der gesamten Erde keine aggressiven Tiere, wie es heute der Fall ist.

Landwirtschaftliche Nutztiere

Von den wunderschönen und friedlichen himmlischen Sphären des Tierreiches können wir sehr gut beobachten, was mit den Tieren auf diesem Planeten geschieht. Tierausbeutung, auf der gesamten Erde, wurde zur ultimativen menschlichen Abscheulichkeit.

Viele Millionen Planeten, die von den verschiedensten Zivilisationen
bewohnt werden, beherbergen zahlreiche Tierarten.
Wusstet ihr, dass nirgendwo in all diesen Universen
und all diesen tausenden von Galaxien und
Millionen von Sternen und Planeten,
Tiere so schlecht behandelt werden wie auf der Erde?

Diese Abscheulichkeiten machen die Menschen dieses Planeten,
aus der Sicht der anderen Zivilisationen im Universum,
zu primitiven und unterentwickelten Wesen.

Das Tierreich wurde hier schrecklich missverstanden. Millionen über Millionen von Tieren werden überall auf diesem Planeten aufs Schwerste missbraucht, gefangen gehalten, Leiden unterzogen, ausgesetzt, gejagt, getötet und geschlachtet.

Viele Millionen werden für unnütze Experimente gequält, durch eure so genannten Wissenschaftler. Wir aber kommen immer wieder zurück auf diese Erde, wieder und wieder und hoffen, dass sich das menschliche Herz erweicht und ein neues Verständnis möglich wird; ein Verständnis um die bedeutende Rolle, die wir in eurem Evolutionsprozess spielen. Gott hat das Leben auf diesem Planeten so geschaffen, dass Mensch und Tier sich gegenseitig brauchen.

Kannst du dir eine Welt ohne Tiere vorstellen? Und Tiere ohne Menschen? Wir alle brauchen einander, aber gegenseitiger Respekt ist notwendig für diesen Planeten und seine Bewohner, um wieder in Bruderschaft, Liebe und Frieden zu leben und ein Leben in Wohlstand für alle zu garantieren.

Fast alle Nutztiere werden heute so behandelt,
dass sie ihren Eigentümern
höchstmöglichen Profit einbringen,
und es gibt kaum jemanden, der sich um
ihren Lebenssinn, ihre Gefühle oder
um ihr Wohlergehen kümmert.

Menschen sind immer noch so grausam zu den Nutztieren wie sie es schon immer waren. Das Halten von Nutztieren hat dazuhin noch eine andere Form angenommen als in den letzten Jahren und diese ist sicherlich nicht besser als zuvor.

Nutztiere werden sehr oft strikt als Ware behandelt.
Alle ihre Rechte werden total verleugnet.

Vor sehr langer Zeit, als ich als Pferd inkarniert war, erinnere ich mich daran, nicht sehr gut behandelt worden zu sein und ich hasste das Dasein als Pferd. Ich entschied mich damals, nie wieder als Pferd auf die Erde zurückzukehren. Ich bevorzuge es, eine Katze zu sein und inkarniere mich seit langer Zeit als solche. Für die meisten Nutztiere gilt, dass ihre natürlichen Lebensumstände und ihre sozialen Nöte vollständig negiert und missachtet werden. Für ihre so genannten Eigentümer sind sie nur soviel wert, wie sie auf dem Markt in Euro einbringen.

Wenn ihr wüsstet, wie die Hühner und ihre Eier kommerziell vermarktet und produziert werden und welchem Grad an Leiden die Hühner ihr Leben lang ausgeliefert sind, dann würdet ihr es euch zwei Mal überlegen, ob ihr sie noch essen wollt. Dies gilt für fast alles Fleisch, das kommerziell hergestellt wird. Das kommerziell hergestellte Fleisch das ihr esst, wird auf der Basis von Schmerz und Leid hergestellt. Es mag akzeptabel sein von Zeit zu Zeit etwas Tierfleisch zu essen, aber es gibt einen richtigen und einen falschen Weg dies zu tun:

- Du sollst immer dem Tier, das sein Leben für deine Ernährung geopfert hat, dankbar sein und es segnen. Halte einen Moment inne und zeige deine Dankbarkeit.

- Esse nur das Fleisch von Tieren, die liebevoll aufgezogen wurden und die mit Würde sterben durften.

- Wenn du deinem Körper Fleisch von Tieren zuführst, die viel unter Missbrauch gelitten haben, dann nimmst du diese Frequenz oder Schwingung in deinen Körper auf, was oft zu gesundheitlichen Problemen führt. Du absorbierst diese Schwingung.
-
- Kaufe deine Eier, Hühner oder anderes Fleisch nur von freilaufenden und gesund ernährten Tieren. Wenn du auf dem Land wohnst oder aufs Land ziehst, dann züchte dir dein eigenes Fleisch und deine eigenen Eier in natürlicher Umgebung.

Nutztiere haben in der letzten Zeit
die schlechteste Behandlung erfahren,
die je durch Menschen hervorgerufen wurde.

Die moderne Art, Tiere als Nahrung aufzuziehen, wurde zur größten Tragödie und zum größten Verbrechen, das durch Menschen am Tierreich jemals begangen wurde. All diejenigen, die Tiere misshandelt haben, werden sehr bald zur kosmischen Verantwortung herangezogen werden. Ich möchte euch nicht beunruhigen, das ist nicht meine Absicht. Aber wisst, dass sich die Geschichte so lange wiederholt, bis die Lektion von Liebe und Freundschaft gelernt ist. Sie wird sich bald für diejenigen wiederholen, die verantwortlich sind.

Ich, Angelo, wünsche mir euch noch mehr über Lektionen zu erzählen von denen ihr nichts hören wollt. Ich sage euch, es ist leichter sie jetzt zu lernen, als später die Konsequenzen zu erleiden. Es sind die nicht gelernten Lektionen, die verantwortlich sind für Schmerz, Kummer und Sorgen der menschlichen Rasse.

Bitte hört meine Botschaft.

Was auch immer an Misshandlung oder Gewalt gegen Tiere geschehen ist, wird letztendlich, früher oder später (in diesem Leben oder in einem anderen), auf euch selbst übertragen und für euch erfahrbar werden. Dies ist ein unumgängliches, göttliches Gesetz. Bitte seid achtsam und aufmerksam was das Leiden von Nutztieren anbelangt, wie so viele von ihnen auf gnadenlose Art und Weise aufgezogen und mit grausamen Methoden geschlachtet werden. Der Schmerz und das Leiden, das sie ausgehalten haben, bis sie als Nahrung auf euren Tellern liegen, führt ihr euren Körpern zu, wenn ihr totes Fleisch esst. Das meiste davon wurde durch Missbrauch und Leiden produziert. Viele Menschen schaffen sich selbst, durch die Art wie sie Tiere behandeln, eine sehr schmerzhafte und kranke Zukunft. Schaut euch um, es passiert überall um euch herum.

Das Buch *Diet for a new America* erklärt dies sehr gut, wie Louise uns sagte. Wir empfehlen euch sehr, dieses Buch zu lesen, wie auch das Buch *Animal Liberation*. Sie werden euch helfen ein mitfühlenderes Herz für die Tiere und ihr Leiden zu entwickeln, die in den Händen von unbewussten Menschen leben müssen.

Ob du einem anderen Menschen oder einem Tier Leid zufügst, die Auswirkung im karmischen Gesetz ist dieselbe. Ob du es magst oder nicht, ob du es verleugnest oder nicht, das große Gesetz ist wirksam. Jeden Schmerz, den du für irgendeine Form des Lebens erschaffst, egal für wen, ist ein Schmerz, den du dir selbst zufügst.

Hast du dich jemals darüber gewundert, warum so viele Menschen krank sind und an so vielen verschiedenen Arten von Krankheiten, Schmerzen, an Gewalt und an vielen Problemen, die es auf diesem Planeten gibt, leiden?

Wir haben dieselben Rechte, den Planeten Erde mit euch zu teilen, ohne missbraucht zu werden

Für die Menschen ist nun die Zeit gekommen, um zu akzeptieren, dass die Erde das Menschenreich und das Tierreich gleichermaßen beherbergt. Menschen denken, sie hätten alle Gewalt und Rechte über uns und dass wir keine Recht haben, weil wir nicht dieselbe Sprache sprechen oder weil wir anders aussehen und anders sind. Würden sich die Menschen auf die Frequenz der Liebe einstimmen, würden sie sehr schnell merken, dass wir aus dem Tierreich Gott genauso wichtig und teuer sind, wie alle anderen Wesen seiner Schöpfung. Wir spielen alle unterschiedliche Rollen im großen göttlichen Plan.

Es war so geplant, dass wir auf diesem Planeten mit den Menschen in einer liebevollen und friedfertigen Art und Weise zusammenleben. Gottes Absicht war, dass wir uns alle gegenseitig helfen, ohne Missbrauch und Gewalt. Es war geplant, dass wir uns gegenseitig die wahre Bedeutung von Liebe und Freundschaft lehren sollten. Tiere sind weder minderwertig noch mehr wert als Menschen. Wir sind nur anders. Die Sprache des Universums ist die Sprache der Liebe. Man braucht nicht nach Worten suchen um diese Sprache zu sprechen.

Als Gott den Menschen die Herrschaft über die Erde gab, war das nicht ein Freibrief für den Missbrauch an Tieren.

Es ist für die Menschen eine einzigartige Gelegenheit, die Lektion der Liebe, der Freundlichkeit, des Verstehens und der Freundschaft untereinander, den Tieren gegenüber und für alle anderen Formen des Lebens zu lernen. Kein Mensch kann jemals hoffen, in das Königreich Gottes einzugehen, wenn er diese Lektion nicht gelernt hat. Wir alle sind Helfer und Lehrer füreinander.

Am Anfang, weit zurück in der Vergangenheit der Erdgeschichte, waren Menschen und Tiere es gewohnt, sehr liebevoll und friedfertig miteinander zu leben. Sie kommunizierten telepathisch miteinander und waren sehr harmonisch aufeinander eingestimmt, sodass die menschliche Sprache für die Kommunikation nicht nötig war. Wir haben einander verstanden und wir liebten uns auf eine sehr praktische Art und Weise.

Es gab keine Gewalt. Es gab weder Angst noch mangelndes Vertrauen zwischen uns. Es war die Zeit des Reichtums, des Friedens und der Liebe für uns alle. Nur wahre Liebe und Freundschaft für alle kann der menschlichen Rasse anhaltenden Wohlstand zurückbringen.

Menschen brauchten nicht ihre Überlegenheit zu demonstrieren und Tiere zu unterwerfen. Gegenseitiger Respekt war angesagt in diesen Tagen. Das war die alte Zeit als das Lamm und der Löwe beieinander lagen und das kleine Menschenkind sie führte. In der heutigen Zeit ist dieses Konzept bei den Menschen auf der Erde fast in Vergessenheit geraten. Als die Menschen ihr Leben mit Freundschaft für die Tiere in ihren Herzen lebten, wurden wir auf diesem Planeten als geliebte und geachtete, legitime und anerkannte Nachbarn angesehen.

Jetzt sind die menschlichen Herzen
uns gegenüber hart geworden und wir,
die Wesen des Tierreiches,
wurden von den Menschen zur Ware reduziert,
die verkauft wird, um Profit zu erwirtschaften.

Wie schmerzhaft ist dieser Betrug für uns! Der Missbrauch durch viele Menschen hat unser früheres Vertrauen und unsere Liebe zerstört. Generell haben Tiere nun Angst vor Menschen und das aus legitimen Gründen. Gott sei Dank gibt es immer noch viele Menschen, die Tiere lieben und respektieren. Aurelia Louise erzählte uns, dass sie uns sehr liebt, so wie man Kinder liebt und dass unsere Bindung für unser ganzes Leben hält, bis der Tod uns trennt.

Wenn wir auf unserem Planeten die Aufzeichnungen menschlichen Verhaltens studieren, sehen wir, dass die Geschichte immer und immer wieder zeigt, dass die schlechte Behandlung, die den Tieren widerfährt, früher oder später auf die Menschen selber zurückfallen wird. Deshalb wollen Tender-Heart und ich so sehr, dass die Menschen die Dringlichkeit unserer Botschaft verstehen. Ihr braucht nur auf den Terror der Vergangenheit, die gegenwärtige Politik und auf die Kriege zu schauen, um zu erkennen, was die Menschheit sich immer noch gegenseitig antut.

Würdet ihr bitte unsere Botschaft mit eurem Herzen hören, meine Freunde?

Solange die Menschheit grausam zu den Tieren ist, solange wird sie auch grausam zu sich selbst sein. Wenn Menschen lernen, freundlich zu Tieren zu sein, dann werden sie auch fähig sein, freundlich miteinander umzugehen.

Oh Menschen der Mutter Erde, hört uns, Angelo und Tender-Heart, die Engelskatzen. Unsere Botschaft ist höchst wichtig für unsere glückliche Zukunft. Durch die kosmischen Gesetze, durch die großen Gesetze, die unser Universum regieren, ist es Gott nicht möglich, der menschlichen Rasse zu erlauben, sich an dem lang erwarteten Goldenen Zeitalter zu erfreuen, solange ihre Herzen immer noch so hart sind. Es kann einfach solange nicht eintreten, bis alles Leben mit Liebe, Würde und Heiligkeit behandelt wird.

Diese Liebe gilt für das Menschenreich, das Tierreich, das Reich der Elementarwesen und das Pflanzenreich gleichermaßen. Wir müssen der geliebten Mutter Erde, die unserer Evolution so willig und liebevoll Raum gibt, tiefen Respekt und Dankbarkeit zollen. Wenn wir uns auf der Erde inkarnieren, wir Wesen aus dem Tierreich, dann haben wir eine sehr enge und persönliche Beziehung zur Erdenmutter. Wir sind die Nachkommen aus einem ihrer vielen Königreiche. Sie liebt uns und anerkennt uns als eines ihrer vielen Kinder.

Aber ihr ignoriert ihre Liebe und ihre endlose Geduld mit der Menschheit. Ihr verschmutzt und vergiftet ihren Körper gedankenlos. Sie ist sehr besorgt aufgrund der Tatsache, dass Menschen so handeln, als würden sie uns aus dem Tierreich besitzen und weil ihr über uns bestimmt wie es euch gefällt.

Bitte werdet euch bewusst, dass die Erdmutter uns genauso beherbergt wie euch. Menschen können sich gegenseitig im moralischen Sinne nicht besitzen und genauso wenig können sie Tiere in diesem Sinne besitzen; Menschen sind einfach Beschützer der Tiere. Wir gehören in unseren Herzen zur Erdmutter und wir helfen ihr auf vielen unterschiedlichen Arten, von denen ihr nichts wisst.

Ihr habt vergessen, dass ihr nur Gäste hier seid, genau wie wir. Keiner von euch kann persönlich und legitim die Erde besitzen noch einen Teil von ihr oder eines ihrer Königreiche. Ihr glaubt nur, dass ihr dies könnt. Wenn ihr denkt, dass ihr das könnt, dann sage ich euch, das ist alles eine Illusion. Ihr könnt nichts davon mitnehmen, wenn ihr den Planeten verlasst. Ihr lebt hier nur einige kurze Jahre, die Erdmutter ist für immer hier.

Die Erdmutter ist souverän.

Katzen, Hunde und Pferde sind immer noch voller Vergebung, aber Millionen von wilden Tieren wollen nicht länger mit Menschen zu tun haben und einige Rassen wären sogar gewalttätig, wenn sie die Gelegenheit dazu bekommen würden. Bis zum heutigen Tag sind Millionen von Haustieren einem Leben in

Einsamkeit, Verlassenheit, Schmerz, Betrug, Krankheit und Hunger durch die Menschheit unterworfen. Nicht alle Tiere sind so glücklich wie Tender-Heart und ich, so liebevolle und fürsorgliche menschliche Begleitung zu haben.

Wegen des Missbrauchs an Haustieren bevorzugen viele Tiere es, sich als wildes Tier zu inkarnieren, trotz der Herausforderungen denen sich ein wildes Tier stellen muss.

Meine Mutter Saffire, eine wunderschöne balinesische Katze, war in ihrem letzten Leben ein Waschbär. Sie hatte sehr viel Angst sich der Haustierhaltung der Menschen auszusetzen. Während sie noch im Katzen-Himmel (vor ihrer Inkarnation) war, wurde ihr versprochen, dass die Katzenwächter dafür Sorge tragen würden, wenn sie sich einverstanden erklärt, das Leben als domestizierte Hauskatze zu erfahren, dass sie in die Obhut einer freundlichen, fürsorglichen Person kommen würde. Als sie die vergangenen Aufzeichnungen von Louise anschaute, sah sie, wie mitfühlend sie mit Tieren war. Sie akzeptierte die Herausforderung und wir leben froh zusammen in einem liebevollen Zuhause.

Meine Mutter Saffire

3.

Tiere sind keine Wegwerfartikel, wir alle haben eine Seele!

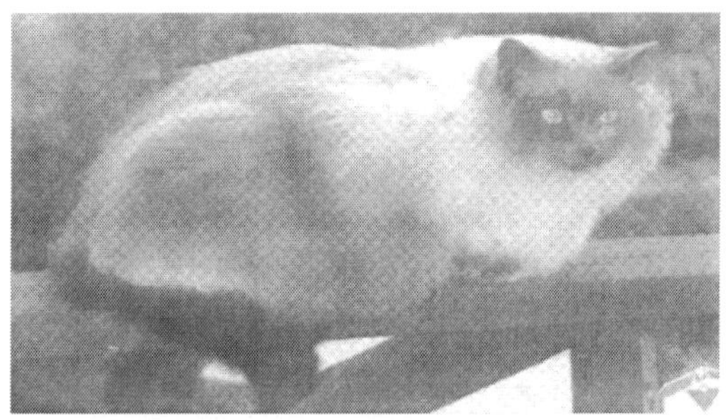

Unsere Seele ist Teil eines Gruppenbewusstseins, genau wie es eure ist. Ich meine damit, dass es viel weniger Unterschiede gibt zwischen den Menschen und uns auf der Leiter der Evolution, als zwischen den Menschen und den Meistern oder Engeln, den Wesen der höheren Ebenen, deren Hilfe ihr stets sucht.

So wie ihr zu ihnen aufschaut um Hilfe, Liebe, Gnade und Mitgefühl zu bekommen, so schauen wir zu euch auf, mit derselben Achtung. So wie ihr von denjenigen, die über euch auf der Leiter der Evolution stehen empfangt, so wie euch geholfen wird, ist es im selben Maße eine nötige Voraussetzung, dass ihr euren Brüdern und Schwestern eine Stufe unter euch Liebe und Mitgefühl zukommen lasst. Das ist eine kosmische Verpflichtung. Die gesamte Schöpfung ist eine endlose Kette von Manifestationen des Schöpfers, vom Kleinsten bis zum Größten. In Wahrheit sind wir alle eins! Wenn ein Teil der Schöpfung verletzt ist und leidet, dann ist das Ganze betroffen, anders kann es nicht sein.

Erhört uns:

Wir sind kein wegwerfbarer Besitz.
Wir sind wie Familienmitglieder.
Viele Menschen holen sich junge Tiere,
ohne den Gedanken an eine lebenslange Verpflichtung.

Wir sind Begleiter auf Lebenszeit und fühlen uns sehr betrogen und unser Herz bricht, wenn ihr uns aussetzt, ablehnt und uns wie eine Ware entsorgt.

Weil wir als junge Tiere so süß und knuddelig sind, werden wir sehr geliebt. Wenn Haustiere jedoch keine süßen kleinen Welpen oder niedliche kleine Katzenkinder mehr sind, dann werden Millionen von ihnen auf der Straße und in Stadtparks ausgesetzt oder in Tierheime gebracht. Das ist keine Liebe. Die Tiere sind dann völlig auf sich selbst gestellt und leiden unter Kälte, Vernachlässigung, Ablehnung und Hunger bis sie, ab und zu vielleicht, von einer netten Person, die sich um sie kümmert, aufgenommen werden oder bis sie einen schmerzhaften Tod sterben.

Millionen von Menschen verlieren keinen Gedanken
an das ängstliche Leben eines ausgesetzten Tieres.

Für die Tiere, die auf diese Weise sterben, ist dies ein sehr schmerzhafter Tod. Dies ist jedoch nicht so schmerzhaft, wie es für die missbrauchten Tiere ist, die bis ans Ende ihrer Tage in

Versuchslaboratorien dahin vegetieren und den grausamsten Behandlungen ausgesetzt sind, die sie überhaupt durch menschliche Wesen erfahren können. Sie sind in Käfigen gefangen und werden malträtiert, bis sie vor Schmerz und Kummer sterben oder sie unbarmherzig von ihren Missbrauchern getötet werden. Wenn Gott und die Engel diese lieben Kleinen sehen, ihre Notlage fühlen und ihre Klagelaute hören, strömen Tränen.

Tierversuche in Versuchslaboren

Der große Schöpfer ist sehr besorgt darüber, mit welcher Grausamkeit und Herzlosigkeit diejenigen, die sich in weißen Kitteln Wissenschaftler nennen, seine Kleinen aus dem Tierreich behandeln.

Sie vollführen ihre Grausamkeiten in privaten Forschungsstationen, in vielen Universitäten, Krankenhäusern und Laboren der Regierungen auf der ganzen Welt. All dies geschieht im Namen der Wissenschaft. Könnt ihr das glauben? Sie weigern sich zu verstehen, dass es niemals eine Notwendigkeit geben kann, irgendetwas auf Kosten der Tiere testen zu müssen, das so viel Leiden verursacht.

Es gibt viele andere menschlichere Alternativen, die sehr viel effektiver sind. Warum werden diese nicht genutzt? Es ist alles eine Frage des Geldes, nicht eine Frage der wirklichen Antworten. Alle Antworten sind in uns selbst zu finden.

Es gibt niemals die Notwendigkeit irgendeiner Form des Lebens so großen, unendlichen Schmerz und einer solchen Tortur zu unterziehen. Tierexperimente sind das Produkt barbarischer Ignoranz

Tieren gegenüber, von denjenigen, die sich arrogant das Recht nehmen, Tiere für ihre selbstsüchtigen Zwecke, Schmerz und Leiden zuzufügen. Was diese Wissenschaftler den Tieren antun, ist barbarischer als das Verhalten der Höhlenbewohner aus der Vergangenheit. Die primitiven Höhlenbewohner vergangener Zeiten hatten mehr Mitgefühl für die Tiere, als die heutigen Wissenschaftler es haben.

Tiere für Experimente zu missbrauchen, ist in den Augen Gottes völlig inakzeptabel. In einer Welt, in der sich Menschen selbst für „erwacht" und „zivilisiert" halten, ist das eine unglaubliche Niederträchtigkeit! Tierversuche als eine so genannte Wissenschaft zu bezeichnen, ist für die Menschheit erniedrigender, als alles was jede Wissenschaft jemals hervorgebracht hat. Es ist dasselbe wie das Praktizieren von Voodoo oder schwarzer Magie.

Es existieren neue Methoden, um Produkte zu testen, die sehr viel genauer, humaner und ökonomischer sind. Wenn die Menschen mit den göttlichen Gesetzen in Einklang leben, dann wissen sie was für ihr Wohlergehen richtig ist. Sie brauchen keine schmerzhaften Experimente an Tieren zu vollbringen, um das herauszufinden.

Tierversuche quälen Millionen von Tieren Jahr für Jahr. In den meisten Fällen werden sie nicht durchgeführt um neue wissenschaftliche Aussagen treffen zu können, noch dienen sie der Entwicklung von Neuem oder Lernzwecken. Sie wiederholen Jahr für Jahr dieselben alten Versuche, um ihre Finanzierung zu garantieren und ihre Arbeitsplätze zu erhalten. So ein Wissenschaftler zu sein ist schlimmer als ein Steuereintreiber zu sein.

Ungefähr 90 % dieser Abscheulichkeiten werden durch Steuergelder finanziert.

Eure Steuergelder fließen in ihre Taschen und ihre zweifelhaften Forschungsergebnisse erhalten ihre Arbeit. Sehr oft werden die Resultate manipuliert, um die erwünschten Erfolge aufzuweisen, auf Kosten von unschuldigen Tieren. Tierversuche sind eine völlige Verachtung der Lebensberechtigung von Tieren auf dieser Erde. Bitte lest die Bücher *Animal Liberation* und *Stolen for Profit*. Ihr werdet viel mehr über dieses Thema erfahren. Vielleicht werden euch die Haare zu Berge stehen, eure Herzen werden sich öffnen, wenn ihr lest, unter welchen Gräueltaten Tiere in dieser Gesellschaft immer noch zu leiden haben, finanziert und abgesegnet von den Obersten eurer Regierungen.

Es kann nicht wirklich Gutes daraus entstehen, wenn unschuldige und schutzlose Tiere gequält werden.

Tierforschung und Tierversuche sind ein Angriff auf uns aus dem Tierreich. Den Ergebnissen kann nicht geglaubt werden, weil diese Experimente ohne Liebe und nicht unter normalen Umständen durchgeführt werden.

In den USA werden im Durchschnitt jedes Jahr 80 Millionen Tiere aufgezogen, die für diesen infamen Grund geopfert werden.

Dieser Tiermissbrauch muss zum Wohle und für das Fortschreiten der Menschheit in ein goldenes Zeitalter der Erleuchtung gestoppt werden. Die Menschheit wird keine Lösungen für ihre Probleme finden, solange sie grausam und unsensibel mit anderen Lebensformen umgeht – einschließlich der Tiere.

Werdet ihr uns helfen?
Seid euch bewusst, der Himmel weint um uns auf der Erde!

Wir entschuldigen uns, dass wir uns so oft wiederholen, aber wir versuchen nur, euch das Wichtige zu vermitteln. Wir wissen nicht wie wir zu Menschen sprechen sollen, um ihre Herzen zu berühren, damit sie uns verstehen.

Vielleicht könnt ihr etwas tun, um den Umgang mit Tieren
auf diesem Planeten zu verbessern.
Es gibt immer große und kleine Möglichkeiten.
Jeder kann dazu beitragen.

Sunny

Ausgesetzte Tiere

Es stimmt, dass es immer mehr Menschen gibt, die Tiere halten und ihnen ein wundervolles Zuhause geben, so wie mein Freund Tender-Heart und ich es in diesem Leben erfahren dürfen. Eine andere traurige Tatsache, die Gott weinen lässt, ist, dass über 50 Millionen Haustiere, Katzen und Hunde, jedes Jahr von ihren Besitzern allein in den USA ausgesetzt werden und noch viele Millionen weiterer Tiere auf der ganzen Erde. Viele von ihnen werden nie mehr menschliche Liebe und Zärtlichkeit erfahren. Diese Tiere haben nicht die Möglichkeit, ihre Lebensaufgabe, zu deren Zweck sie auf die Erde gekommen sind, zu erfüllen.

Die menschliche Bosheit muss aufhören! Die Menschheit wurde zu einer Wegwerfgesellschaft und sie wirft alles weg, was sie nicht mehr brauchen kann - einschließlich ihrer Tiere, ungeborenen Kinder, etc. Ihr wisst was ich meine..., ich hoffe es. Ja ich wiederhole mich, ungefähr 20 Millionen von uns werden jährlich von ihren Besitzern im Stich gelassen und ausgesetzt. Wisst ihr, dass ungefähr 20 Millionen Tiere auf der Straße, in Wäldern, Parks oder wo auch immer es praktisch erscheint ausgesetzt werden?

Seid ihr euch den Schmerzen, dem Leid und dem Schicksal von ausgesetzten Tieren bewusst?

Die meisten von ihnen sterben an Hunger, Kälte, Unterernährung, Einsamkeit und an einem gebrochenen Herzen. Viele von ihnen werden geschlagen und weggejagt, wenn sie um ein Futteralmosen betteln und sie bekommen sehr viel Angst vor den Menschen.

Von diesen 20 Millionen Tieren wird ein kleiner Prozentsatz von 5-8 % von netten Menschen gefunden und bekommt wieder ein liebevolles Zuhause. Das Schicksal der anderen lässt Gott und die Engel erschaudern. Sie sterben einen qualvollen Tod. Sie werden auf der anderen Seite von Legionen von Engeln empfangen, die dazu ausersehen sind, die endlose Aufgabe des Heilens von Tieren zu übernehmen, die durch das Leben unter den Menschen auf der Erde traumatisiert wurden.

In anderen Fällen werden neu geborene Tiere von ihren naiven Besitzern in Tierschutzstationen gebracht, von denen sie annehmen, dass sie die Jungen in ein schönes Zuhause weitervermitteln.

Was die Leute in den Stationen aber verschweigen ist, dass die kleinen Tiere (vor allem in größeren Städten) in Laboratorien geliefert werden, wo sie ein Schicksal erwartet, das schlimmer ist als der Tod. Wieder werden Tiere verkauft, um Profit aus ihnen zu schlagen.

Menschen, die ihren Tieren keine lebenslange Fürsorge gewähren können, sollten überhaupt keine Tiere zu sich nehmen. Sie sind nicht verantwortungsvoll genug oder einfach nicht in der Lage, eine Langzeitfreundschaft mit einem Tier einzugehen.

Der große Meister Jesus sagte:

„Doch wer Schuld daran ist, dass einer von diesen Geringgeachteten, die an mich glauben, zu Fall kommt, für den wäre es besser, wenn er mit einem Mühlstein um den Hals ins Meer geworfen würde."
(Mark.9:42)

Als der große Meister diese Aussage machte, bezog er sich nicht nur auf die Menschenkinder, sondern auf alle empfindenden Wesen auf diesem Planeten, einschließlich der Tiere.

Wir aus dem Tierreich kennen ihn und verehren ihn in unserer Seele. Dies ist Tatsache und ich gehe sogar so weit, euch zu sagen, dass die große Mehrheit der Tiere ihn kennt und ihn in ihrer Seele verehrt und sie tut dies mit mehr Ernsthaftigkeit als die meisten Menschen es tun. Sollte dich dies überraschen und du glaubst vielleicht, dass Tiere ihren Schöpfer nicht kennen und unbewusst sind oder nicht denken können, so wie dies Menschen können, dann gehe noch einmal in dich und meditiere darüber. Dann wirst du vielleicht erkennen, dass du etwas Entscheidendes über die Tiere nicht weißt.

Wisst ihr, dass alle eure Taten, gute oder schlechte, in eurem „Buch des Lebens" aufgezeichnet sind und dass ihr für das, was ihr getan habt verantwortlich seid? Ihr müsst mit den Konsequenzen dieser Taten und Untaten leben, bis jede negative Tat völlig durch reine Liebe umgewandelt ist. Dieses Gesetz gilt für alle Wesen in allen Universen. Die Menschheit auf dem Planeten Erde bildet da keine Ausnahme. Dies ist ein unwandelbares kosmisches Gesetz.

Nur eine Katze?

Eine Katze? Ihr mögt nicht dazu geneigt sein, meine Botschaft ernst zu nehmen. Ihr mögt sagen, dass ich „nur eine Katze" bin. Ja, in meiner jetzigen Form bin ich, dem Denken normaler Menschen nach, „nur eine Katze". Aber ich bin hier schon eine sehr lange Zeit unterwegs, über die Jahrhunderte hinweg und über Jahrtausende habe ich viel gelernt.

Ich bin eine Katze mit einer Vergangenheit,
mit Wissen und mit Wahrnehmung.
In meinem spirituellen Körper bin ich viel mehr als eine Katze.

Wenn ihr mich als einen eurer Erdenlehrer annehmt, dann kann ich euch auf eurer langen Rückreise ins Paradies eine weite Strecke führen. Tender-Heart ist eine Heilerkatze und mit dem Thema der Heilung vertraut. Auch er kann euch vieles lehren.

Jeden Tag liegen mein Freund und ich in unserem Korb und wir meditieren viel. Wir versuchen Möglichkeiten zu erkennen, wie wir die Menschenherzen berühren können hinsichtlich dem Umgang mit Tieren auf diesem Planeten.

Ich habe einen weiteren Freund, den ich erwähnen möchte. Sein Name ist Sunny. Er ist ein kurzhaariger roter Kater. Er kam, um bei uns zu leben, als seine Vorbesitzer ihn nicht mehr haben wollten. Sie brachten ihn in unser Haus und fragten Louise, ob sie ein neues Zuhause für ihn finden könne. Dazu kam es aber nicht und so lebt er noch immer bei uns.

Er ist sehr still, jedoch auch sehr nachdenklich. Es ist für ihn eine neue Erfahrung, eine Katze zu sein. Er ist erst seit zwei Leben eine Katze. Sunny wurde von Menschen missbraucht und er hat immer noch Angst vor Menschen, die er nicht kennt. Ich habe das Gefühl, dass er auch eines Tages seine Botschaft mitteilen und all seinen Schmerz, den er im Herzen trägt, entladen wird.

Er ist gerne bei uns, weil er sich hier sicher fühlt, da er den Menschen noch immer nicht ganz vertrauen kann. Wie er mir erzählte, wurde er in seinem letzten Leben missbraucht und misshandelt. Er starb einen grauenhaften Tod, alleine, krank und hungrig, eingeklemmt in einer Ziegelwand, als er noch nicht einmal ein Jahr alt war.

In diesem Leben traut er nur Louise und ihren Freunden, die Katzen lieben. Er erzählte mir, dass er immer noch Angst hätte, in ein neues Zuhause gebracht zu werden. Er ist still und sanftmütig. Er versucht keine Schwierigkeiten zu machen und keine Ansprüche zu stellen, damit er das Privileg, hier für den Rest seines Lebens wohnen zu dürfen, nicht verliert.

Er ist gehorsam und bringt Louise viel Dankbarkeit entgegen. Ich weiß, dass Louise ihn auch liebt, und sie denkt, dass er ein sehr süßer Kater ist. Wir sehen ihn als eine Art kleiner Bruder, obwohl wir ungefähr gleich alt sind, da das Katzenleben so neu für ihn ist und er oft unsicher ist. Wir versuchen ihn zu beschützen und er lernt von uns.

Tender-Heart

4.

Junge Tiere und Kinder

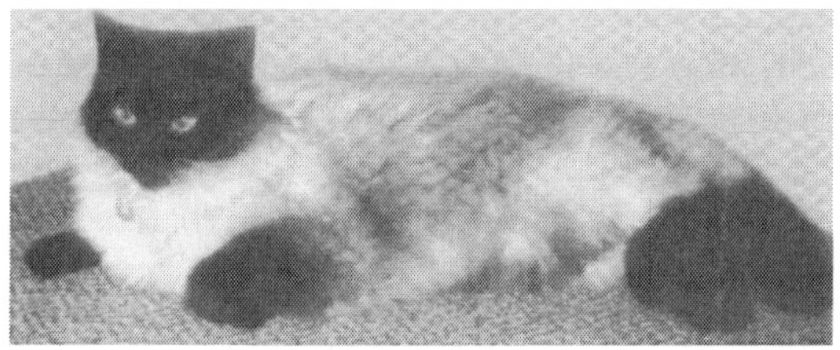

Precious

Oh! Das habe ich fast vergessen, ich wollte euch von meiner Schwester Precious erzählen.

Als Precious noch ganz klein war, kam eine Frau mit drei Kindern zu uns nach Hause und wollte Precious gerne haben. Louise zögerte zunächst, weil Precious so wunderschön und sanft war. Die Kinder bestanden jedoch darauf Precious mitzunehmen. Mit dem Versprechen Precious zurückzubringen, falls sie sie doch nicht mehr wollten, nahmen sie sie mit.

Ich sah Precious lange nicht mehr und als sie dann schließlich wieder zu uns nach Hause zurückkam, war sie sehr krank und abgemagert und wollte von niemandem angefasst werden. Sie blieb den ganzen Tag unter dem Sofa, wo niemand sie erreichen konnte und sie wollte nicht mehr spielen.

Ihre Pupillen waren permanent geweitet, ihr Rücken war krumm und sie litt täglich an so heftigen Kopfschmerzen, dass sie aus ihrem Körper heraus wollte. Sie war so krank, dass sie beinahe starb. Sie fauchte Tender-Heart und mich an. Tender-Heart ist ein derart sanfter Heilungskater, dass kranke Katzen normalerweise gerne zu ihm kommen. Er versuchte mehrmals sich ihr zu nähern und sich mit ihr anzufreunden, doch sie fauchte ihn vor lauter Angst jedes Mal an.

Wir konnten erkennen, dass ihr Rückenproblem der Grund für ihre Schmerzen im Kopf war und wir wussten, dass sie ernsthafte Probleme hatte. Wir versuchten es Louise zu sagen und hofften auf ihre Hilfe. Nach ein paar Tagen hatte sie unsere Nachricht verstanden und sie begann Precious zu untersuchen. Sie erbat Hilfe von jemandem, der telepathisch mit uns allen kommunizierte.

Precious erzählte dieser Person von ihren pulsierenden Kopfschmerzen und von ihrer schweren Schädigung der Basis ihres Nackens, die ihr so viele Beschwerden bereitete, dass sie nicht umgänglich und freundlich sein konnte. Sie hatte große Angst angefasst zu werden, weil jede Berührung noch mehr Schmerzen bereitete.

Sie erzählte auch, dass sie in ihrem früheren Zuhause unter den Misshandlungen durch die Kinder litt. Sie berichtete, dass die Kinder sie sehr liebten, sie aber wie eine ausgestopfte Puppe behandelten. Die Kinder warfen sie gewöhnlich in die Luft, um zu sehen, ob sie auf ihren Pfoten landete, was sie ja meistens auch tat. Als sie aber schon zu krank war, konnte sie nicht einmal mehr daran denken es zu versuchen. Precious berichtete, dass sie öfter auf ihrem Genick und dem Rücken landete und dass die Schmerzen grauenvoll waren. Die Kinder, die ihre Lage nicht bemerkten, machten weiter mit ihrem „Sport“ und die Lage von Precious verschlimmerte sich zunehmend.

Mit der Zeit hörte sie auf zu fressen und magerte ab. Immer wenn sie versuchte zu fressen, kam ihr das Futter wieder hoch. Am Ende hatte sie so viel Angst vor allen, dass sie sich nur noch versteckte. Weil sie nicht mehr so verspielt war und die Kinder anfauchte, brachten sie die Leute wieder zurück in unser Haus.

Sie dachten, Precious wäre bösartig geworden und realisierten nicht, dass die Kinder die Ursache für ihre Probleme waren.

Precious ist sehr liebevoll und sanft, wenn sie richtig behandelt wird. Louise war sehr wütend, als sie herausfand was die Leute ihrer kleinen Precious angetan hatten. Sie brachte Precious einige Male zum Tierarzt, der sich mit Rücken- und Genickproblemen gut auskannte und Louise gab ihr mehrmals täglich eine spezielle Behandlung und Massagen. Sie gab ihr auch mehrmals täglich besondere Heilmittel, damit es ihr besser ging. Sie tat dies alles über einige Monate hinweg.

Sie schenkte Precious viel Liebe und Aufmerksamkeit und gab ihr das Versprechen, dass sie sie hier in Sicherheit behalten würde, auch wenn sie wieder gesund werden würde. Precious mochte unser Zuhause und war einverstanden.

Ganz langsam begann es Precious mit all der täglichen Fürsorge wieder besser zu gehen und sie hatte auch nicht mehr so viel Angst. Sie wurde immer zutraulicher und versteckte sich auch nicht mehr unter dem Sofa. Ihre Pupillen nahmen langsam wieder ihre normale Größe an und sie hörte auf, uns zu meiden.

Nach vielen Monaten spielte sie das erste Mal mit Sunny. Sie wurde sehr anhänglich und folgte Louise überall hin. Nach sechs Monaten schmerzte ihr Rücken nicht mehr, die Schmerzen im Genick waren nur noch leicht und ihre Kopfschmerzen waren fast vollständig weg, sie hatte sie nur noch ab und zu und nicht mehr so stark. Sie konnte wieder ihr Futter fressen, ohne es zu erbrechen und gewann ihr normales Gewicht zurück. Sie ist jetzt süß, wunderschön und liebevoll. Wir freuen uns sehr, sie als Teil unseres Familienteams bei uns zu haben. Sie ist immer noch sehr still und bleibt lieber für sich, doch ich glaube, dass sie sich bald wieder ganz erholt haben wird.

Ich hörte, wie Louise die Leute anrief, die Precious für ein Jahr bei sich hatten und wie sie ihnen die Situation erklärte. Sie erzählte ihnen, unter welchen Schmerzen Precious durch die Behandlung gelitten hatte. Ich erinnere mich, wie sie ihnen erklärt hat, dass Kinder und Jugendliche ständige Anleitung brauchen, wenn sie mit Jungtieren umgehen. Sie erklärte ihnen auch, wie sie das machen sollten, damit ihre Kinder den richtigen Umgang erlernen konnten und dass sie sich andernfalls keine Tiere mehr zulegen mögen.

Precious sagte mir, dass die Kinder nicht bösartig gewesen wären, sondern dass sie einfach nicht wussten, wie viel Schmerz sie ihr bereiteten. Für die Kinder war sie ein wunderschönes Spielzeug.

Die Botschaft von Angelo, der Engelskatze, ist,
dass junge Katzen und Welpen nicht als Spielzeug i
n die Hände von Kindern gehören.
Sie sind zu empfindlich.

Wenn ihr möchtet, dass eure Kinder Tiere haben,
und ich glaube, dass es gut ist für Kinder Haustiere zu haben,
gebt ihnen ältere Tiere mit denen sie spielen können.
Diese sind nicht so verletzlich bei falscher Behandlung,
weil sie sich besser verteidigen können und weglaufen können,
wenn sie misshandelt werden.

Ich weiß, dass Kinder Tiere selten bewusst misshandeln. Sie tun es aus mangelndem Bewusstsein darüber, was den Tieren weh tut und sie benutzen sie unwissentlich als Spielzeuge. Es ist nicht ihr Fehler. Deshalb sollten sie überwacht und sehr sorgfältig darin angeleitet werden.

Louise erzählte mir, dass sie zu diesen Leuten nach Hause gegangen sei, um ihnen dies genauer zu erklären. Den Eltern und den Kindern tat es sehr leid, als sie hörten, wie viel Schmerz sie Precious zugefügt hatten und nun konnten sie auch das Verhalten von Precious besser verstehen. Die Kinder weinten und sie versprachen, nie wieder einer Katze oder einem anderen Tier so etwas anzutun. Meine süße Schwester Precious wurde das Opfer von unbeaufsichtigten Kindern und litt sehr darunter.

Es gibt viele Millionen Haustiere, die täglich unter einem
ähnlichen Schicksal in den Händen von Kindern leiden
und nur wenige Menschen erfahren jemals,
warum ihre liebevollen Haustiere nicht mehr so liebevoll sind,
wie sie es einmal waren.

Ich weiß, dass Louise mich niemals weggeben würde. Ich bin sehr sicher bei ihr. Sie erzählte mir, dass sie eine finanzielle Absicherung getroffen hat, die es uns allen ermöglicht, in einem liebevollen Zuhause zusammen zu bleiben, falls ihr etwas zustößt oder sie diese Welt vor uns verlassen würde. Ich nenne dies eine verantwortliche Haltung gegenüber Tieren.

Tierhandlungen

Tierhandlungen verkaufen gutes Zubehör für Tiere, doch wenn ihr eure Tiere selber in solchen Geschäften kauft, stammen sie meistens aus unseriösen Händen oder aus Massenzuchtbetrieben. Es ist nicht gut, solche Unternehmen auch noch zu unterstützen. Sie züchten die Tiere nicht aus Liebe. Sie sehen die Tiere ausschließlich als „Profitgegenstände" und sie kümmern sich nicht darum, was aus ihnen später einmal wird oder ob sie, wegen einem unkontrollierbaren Tierüberschuss, umgebracht werden. Sie machen sich keine Gedanken darüber, dass jedes Jahr Millionen von Tieren als Überschuss produziert werden, solange sie ein paar Euro dafür kassieren können. Tiere sind für sie nicht mehr als Profit in Euro gerechnet.

Da wir zehn bis zwanzig Jahre alt werden, gibt es nicht genügend Möglichkeiten, in denen wir alle unser Zuhause finden können. Und das alles nur, weil es eine große Anzahl von Tieren aus unseriösen Zuchtbetrieben gibt, die nur auf Profit aus sind. Das erzeugt ein großes Übermaß an Tieren. Bitte kauft eure Tiere nicht in solchen Läden oder in Geschäften, die Tierkinder aus solchen Betrieben aufkaufen. Wenn ihr dies tut, fördert ihr diese Tierhandlungen und die Tierquälereien die daraus entstehen. Viele dieser Zuchtstationen produzieren 3000 bis 4000 Welpen und Kätzchen im Monat. Daher werden ca. 50 Millionen dieser Tiere jährlich ausgesetzt, weggeworfen oder umgebracht. Dies erzeugt einen schweren Missbrauch an kreativer Energie.

Ihr solltet ernsthaft erwägen,
ein ausgesetztes Tier zu adoptieren und einem jungen Tier,
das an einem gebrochenen Herzen leidet,
ein liebevolles Zuhause zu geben.
Viele von ihnen werden dann zu liebevollen
und loyalen Haustieren.

Louise adoptierte nur ausgesetzte Tiere und sie war jedes Mal sehr gesegnet mit uns allen. Sie sagte, dass sie niemals Geld für ein Tier bezahlen würde, weil ein Tier keine verkäufliche Ware sei, da Tiere keine Gegenstände sind. Sie gehören der Erdmutter, nicht den Menschen. Ein Tier in seiner Obhut zu haben, ist nichts anderes als ein Privileg. Menschen können sich nur um Tiere kümmern und ihre Freunde sein. Aus der Sicht der Erdmutter ist es unmoralisch an Profiten aus Tiergeschäften beteiligt zu sein.

Wenn du nicht aus reiner Liebe, aus der die Tiere bestehen,
in der Tierzucht oder im Tierhandel arbeiten kannst,
nur zum Wohlergehen der Tiere,
dann lasse sie bitte in der geistigen Welt oder bei denen,
die sich wirklich um ihr Wohlergehen kümmern.

Louise sagte, dass sie glücklich sei, den Tierheimen Geld geben zu können, die ihre Tiere nicht an Versuchslaboratorien verkaufen, sondern die ihre Aufmerksamkeit darauf richten, ein neues liebevolles Zuhause für die Tiere zu finden, die ausgesetzt oder gefunden wurden.
Es kostet Geld, Obdach für die Tiere zu bauen und zu erhalten und diese Arbeit ist ein Werk der Liebe. Die meiste Arbeit wird durch Freiwillige getan, die meisten Tierheime sind überfüllt und es mangelt an Geld.

Das Geschenk eines Tieres ist für die Menschen
nicht immer offensichtlich, aber es ist immer da.
Es ist ein einzigartiges Privileg ein Tierhalter zu sein.

Bitte kastriert / sterilisiert eure Haustiere

Es gibt bereits zu viele von uns auf diesem Planeten.

Ich bin sicher, wenn in den nächsten fünf Jahren kein Haustier von uns mehr geboren werden würde, wären wir immer noch zu viele. Jeder Hund, jede Katze, jedes andere Haustier verdient es, dass man sich um es kümmert. Es hat das Recht, geliebt und umsorgt zu werden und ein liebevolles Zuhause zu haben. Ein Tier zu adoptieren bedeutet, Loyalität und Zugeständnisse zu machen. Ich sage es euch allen noch einmal:

Wenn ihr ein Haustier adoptiert,
ist das eine ernsthafte und langwierige Entscheidung,
weil wir viele Jahre leben und wir nicht austauschbar sind.
Nehmt niemals ein Tier leichtfertig auf.

Kein Haustier verdient es, geboren zu werden, um dann ausgesetzt oder in einem erbarmungslosen Laboratorium für Experimente missbraucht zu werden, nur um jemandem den Job zu sichern oder des Geldes wegen.

Auch du bist ein Teil der Lösung, ein Teil des Problems. Werdet Kämpfer für die Rechte der Tiere und für ihr Wohlergehen und ich verspreche euch, ihr werdet gesegnet sein, mehr als ihr es euch vorstellen könnt. Die Lösung ist, zu versuchen, die Anzahl der geborenen Tierjungen so weit zu reduzieren, dass jedes von ihnen ein liebevolles Zuhause bekommen kann und dass der Missbrauch an Tieren völlig aufhört; hier in diesem Land und überall auf der Erde.

Tiere lehren euch die Kunst der bedingungslosen Liebe.
Sie geben euch die Möglichkeit, Intuition zu entwickeln,
Toleranz und ein mitfühlendes Herz.

Sie werden euch helfen, ein wirklicher Mensch zu werden.
Sie nehmen auch eine ganze Menge eurer Gefühle
und physischen Belastungen auf sich,
um euch euer Leben zu erleichtern.

Das ist ein Geheimnis, das die meisten von euch
noch nicht entdeckt haben.

Katzen und Hunde sind nicht die einzigen Wesen aus dem Tierreich, die durch die Hände der Menschen Leid erfahren.

Domestizierte Tiere

Pferde wurden durch die gesamte Geschichte hindurch von der Menschheit missbraucht. Die Geschichte des Pferdemissbrauchs auf diesem Planeten ist so umfangreich, dass man viele Bücher schreiben müsste, um nur einen Teil davon zu erzählen. Ich habe viel darüber zu sagen, weil ich selber einmal in einem anderen Leben ein Pferd war und ich daher viel Mitgefühl mit Pferden habe. Ich möchte nicht noch einmal als Pferd geboren werden. Ich bevorzuge es sehr, eine Katze zu sein. Wenigstens ist es leichter davonzulaufen, wenn du in den Händen einer unsensiblen Person bist.

Ich weiß, dass Pferde sehr mutig sind, wenn sie die Herausforderungen auf diesem Planeten annehmen und hierher kommen. Sie wurden seit Äonen missbraucht und ihre Dienste wurden nicht genügend gewürdigt.

Das Schlachten von Pferden

Seid ihr euch darüber bewusst, dass jeden Tag hunderte, vielleicht tausende von Pferden auf der ganzen Welt zu den unterschiedlichsten Schlachthöfen gebracht werden, um als Katzen- oder Hundefutter in Dosen verpackt zu werden oder um als *besonderes Steak* auf den Tellern der Menschen zu landen und gegessen zu werden. Dies mögen Pferde sein, die älter sind, krank oder die nicht mehr so können, wie es von ihnen erwartet wird oder solche, die einfach nur verkauft werden, weil ihre Besitzer Geld verdienen wollen. Sie sind nichts anderes, als ihr Wert in Geld ausgedrückt, alle Gefühle wie Freundschaft und Loyalität werden beiseite gelegt. Dies ist eine völlige Missachtung und Schande für die großartigen Wesen, die diese Körper bewohnen.

Pferde werden auf dem Markt in den USA für einen Dollar pro Kilogramm ihres Gewichtes verkauft. Das bedeutet viel Geld für Pferdehändler, die Pferde auf Auktionen kaufen, nur um sie dann erbarmungslos in Schlachthäuser zu bringen. Wenn ihr nur einmal sehen könntet, auf welch grausame Weise sie geschlachtet werden und die Umstände, die sie erleiden müssen, um Steaks und Hunde- und Katzenfutter zu werden, das würde euer Herz erweichen. Wahrscheinlich wärt ihr hinterher nicht mehr dieselben und eure Herzen wären voller Mitgefühl.

Pferdehändler und die Menschen, die Pferde an die Pferdehändler verkaufen, wollen davon nichts hören, dass Pferde großartige geistige Wesen sind und dass es ihre Aufgabe ist, für die Menschen da zu sein und ihnen zu helfen und sie zu begleiten. Nur auf diesem Planeten Erde nehmen primitive Menschen so wenig Rücksicht auf Pferde und Tiere im Allgemeinen. Anderswo erhalten sie viel Respekt und Anerkennung. Pferde besitzen eine große Intelligenz und ein großes Herz. Ihre normale Lebensdauer liegt bei dreißig bis fünfunddreißig Jahren und darüber. Wie viele werden wirklich so alt?

All denjenigen, die sich Pferdeliebhaber nennen, möchte ich sagen:

- Wenn ihr zum Überschuss an Pferden beitragt und sie züchtet, nur um niedliche, kleine Fohlen auf der Weide zu haben, um sie stolz vorzuzeigen, *seid ihr keine Pferdeliebhaber.*

- Wenn ihr eure Pferde den Pferdehändlern überlasst, weil sie eurer Eitelkeit nicht mehr entsprechen, *seid ihr keine Pferdeliebhaber.*
- Wenn ihr wirklich aufrichtige Pferdefreunde seid, dann werdet ihr eure Pferde ihr ganzes Leben lang behalten, bis sie eines natürlichen Todes sterben. Wenn das nicht eure Ansicht ist und ihr meint ihr wäret Pferdefreunde, dann ist das ein Irrglaube und völlig falsch.

Ihr könnt euch selbst in die Tasche lügen, aber ihr könnt niemals das Universum und seine große Intelligenz belügen.

Es wäre ein größerer Dienst am Reich der Pferde
und ein größerer Akt der Gnade und der Liebe,
sie in der geistigen Welt zu lassen,
aus der sie kommen.

Es werden fortwährend zu viele Pferde gezüchtet. Die Menschen züchten Pferde nur zum Vergnügen und für den Sport, den sie mit ihnen betreiben, ohne sich viele Gedanken um ihr Leben in den nächsten fünfundzwanzig bis vierzig Jahren zu machen. Die meisten Züchter kümmert es überhaupt nicht, was mit ihnen geschieht, wenn sie verkauft sind. Sie übernehmen keinerlei Verantwortung für ihre Zuchtpraktiken. Pferde haben so ein wundervolles, schönes Zuhause in der geistigen Welt, auf ihren sechsdimensionalen Planeten. Es ist das Beste sie dort zu lassen, bis ihr hier auf der Erde bereit seid, ihnen die Würde und Aufmerksamkeit zu schenken, die sie verdienen. Sie werden auf ihrem Planeten viel mehr geliebt und sind dort viel glücklicher als hier. Wie die Hunde besitzen auch Pferde einen großen Sinn für Loyalität ihren Besitzern gegenüber und sie leiden an einem gebrochenen Herzen, wenn diese Loyalität missbraucht wird. Sehr oft sind es die Besitzer, die eine Lektion an Loyalität zu lernen haben.

Habt ihr schon die Aufschrift Pferdefleisch auf euren Katzen- oder Hundefutterdosen gelesen?

Die Branche schämt sich, dies auf die Etiketten zu schreiben und sie kommt damit auch durch, wenn sie kontrolliert wird. Sie kennzeichnen es nicht, da sie fürchten, dass zu viele Menschen mit Empörung reagieren würden. Man kann auf den Etiketten einfach lesen: „Fleisch oder Fleischprodukte“, ohne weitere Erklärung. Der Geist der Pferde war von jeher ein großer Segen für diesen Planeten. Die Art und Weise wie sie hier behandelt werden, ist eine weitere Schande für die menschliche Rasse.

Macht es wie die Naturvölker

Die Naturvölker besitzen immer noch die Feinfühligkeit, uns als Tiere, als Brüder und Schwestern, zu sehen. Sie aßen auch Tierfleisch, ja, aber sie taten es mit Dankbarkeit und Verehrung. Es gab für die Tiere nur ein Minimum an Gewalt und Schmerz. Sie fragten die Tiere um Erlaubnis, bevor sie zu ihrem Gebrauch getötet wurden. Die meisten von ihnen waren fähig, mit den Tieren geistig zu kommunizieren, so war es leicht, die Erlaubnis oder generell eine Antwort zu bekommen. Wenn ein Tier nicht bereit war, sein Leben gehen zu lassen, dann warteten sie gewöhnlich bis sie eines fanden, das bereit war. Sie töteten nur aus Notwendigkeit, niemals aus „Sport". Töten aus Sport ist ein anderes Zeichen für die Primitivität einer unerleuchteten Gesellschaft.

Wenn ein Tier bereit war, dann ließ es sich fangen, um auf eine menschliche Art und Weise zu sterben. Es geschah rasch und fast schmerzlos. Eingeborene Indianer dankten den Tieren immer dafür, dass sie ihr Leben gaben. Tiere haben keine Angst zu sterben, sie haben Angst vor der Behandlung bevor sie sterben.

Wie viele Bauern, die Kühe und Küken züchten oder Pferdehändler fragen ihre Tiere um Erlaubnis, bevor sie sie in die Schlachthäuser bringen? Wie viele Bauern fragen ihre Kühe um Erlaubnis, bevor sie ihnen ihre kleinen Kälber wegnehmen, sobald sie geboren sind? Wie viele Bauern berücksichtigen den natürlichen Instinkt der Tiere, den Schmerz und die innere Qual, die sie erleiden, wenn ihre Jungen brutal von ihnen weggenommen werden, sobald sie auf der Welt sind oder bevor sie auf natürliche Weise entwöhnt sind?

Als Louise früher auf einem Bauernhof lebte, hörte sie nur zu oft, wie die Kühe um ihre Kälbern weinten, Tag für Tag an den Qualen eines gebrochenen Herzens litten, nachdem ihnen ihre Kälber gleich nach der Geburt weggenommen wurden. Die Bauern interessierten sich mehr für das zusätzliche Geld, das sie mit der Milch erzielen konnten, welche die Kühe für ihre Neugeborenen produzierten, als sich um das Glück und das Wohlergehen der Kuhmutter und ihres Neugeborenen zu kümmern.

In Wirklichkeit gibt es überhaupt keinen Grund für diese Praktiken, weil eine Kuh, die ein Kalb hat, sehr große Mengen an Milch produziert. Vielleicht gäbe es etwas weniger Geld für den Bauern, aber eine sehr viel glücklichere Kuh mit ihrem viel glücklicheren Kalb, würde auf lange Sicht gesehen sehr viel bessere Resultate erbringen. Es gäbe viel weniger Qual für die Kühe, die doch die Bauern mit allem Notwendigen versorgen. Warum macht man nicht eine „win-win Situation" daraus für alle Beteiligten? Louise wollte nie etwas zu tun haben mit diesen unethischen Praktiken der Bauern. Sie behielt ihren Frieden und betete zu den Engeln, den Kühen zu helfen, damit sie sich besser fühlten, aber ihr Herz tat weh.

All dieses unnötige Tierleiden gibt es nur aus Profitgründen. Wie würden ein Bauer und seine Frau sich fühlen, wenn ihnen jedes Mal, wenn ihnen ein Kind geboren würde, jemand käme, der es ihnen sofort wegnehmen würde?

Ihr mögt mir nicht zustimmen,
aber ich, Angelo, sage euch,
dass es in den Augen Gottes
wirklich keinen Unterschied gibt.
Ob der Schmerz und die Qualen
einem Menschen oder einem Wesen
aus dem Tierreich angetan werden,
ist buchstäblich dasselbe.
Weil wir alle eins sind!

Es gibt so viel mehr, worüber ich gerne sprechen möchte, aber Louise meint, ich solle mich dieses Mal etwas beschränken. Bis jetzt habe ich noch nichts über den Missbrauch von Tieren bei Rodeos gesagt, die so viele Menschen erfreuen, die nicht wissen, was hinter den Kulissen vor sich geht.

Rodeos!

Grausamkeiten an Tieren für einen Dollar!

Für die Tiere, die an gebrochenen Knochen und gezerrten Muskeln, an gebrochenen Rückgraden oder an verbrannten Hoden leiden, ist das Rodeo nur eine grausame Tortur auf dem Weg ins Schlachthaus.

Die Tiere, die für Rodeos eingesetzt werden, sind nicht von Natur aus aggressiv. Sie werden physisch gereizt, um sich wild zu verhalten. Elektrische Stöße, scharfkantige Stöcke, ätzende Salben und andere schmerzhafte Maßnahmen werden an normalerweise sanftmütigen Bullen, Kälbern und Pferden angewandt. Alle Tiere, Nutztiere, Ranchtiere, Bullen und Kälber sind fühlende Wesen, die Schmerz und Angst erleben, genauso wie Katzen, Hunde und Menschen auch.

Sie haben sich nicht bereit erklärt
für solche groben Unterhaltungsspiele.
Sie sind hilflose Opfer von Menschen,
die unsensibel und herzlos sind.

Tiere im Zoo und im Zirkus

Was haltet ihr von Zoobesitzern, die Tiere ihr ganzes Leben lang in kleinen Käfigen gefangen halten? Haben sich diese Tiere bereit erklärt, diesen unwürdigen Lebensstil auszuhalten?

Oder werden sie gegen ihren Willen in Gefangenschaft gehalten? Viele der Tiere müssen sediert werden, um sie daran zu hindern in ihren lebenslangen Gefängnissen gegen die Gitterstäbe zu schlagen.

Und was ist mit den Zirkustieren? Die von Ort zu Ort gezogen werden, meistens in viel zu kleinen Käfigen. Die viele Stunden lang auf der Straße aushalten, um von Ort zu Ort gebracht zu werden, meistens unter katastrophalen Umständen.

Zirkustieren wird ihr ganzes Leben lang nicht erlaubt
unter normalen Umständen zu leben, nur wegen des Geldes,
das in die Taschen ihrer Halter wandert. Ohne Rücksicht
auf ihr Wohlergehen und ihre Gefühle.

Viele dieser großartigen Tiere werden schlimm missbraucht und misshandelt. Sie werden von den Menschen, die glauben sie hätten das Recht sie zu besitzen, nur als *Gegenstände* angesehen.

In einer menschlichen Gesellschaft, die als „zivilisiert",
„erwacht" oder „fortgeschritten" angesehen wird,
besteht die dringende Notwendigkeit,
dass Tiere im Zirkus verboten werden
und dass Rodeos ganz abgeschafft werden.

Tiere gehören in die Natur, wo es Bäume und genügend Gras gibt, nicht in Käfige oder schmutzige Fanggehege. Glaubt ihr, dass das Zirkusleben Löwen, Tigern und Elefanten eine natürliche Umgebung bietet, die sie brauchen, um ein glückliches Leben zu leben?

Wenn ihr irgendetwas über das Leben und das Schicksal von Zirkustieren wüsstet, würdet ihr niemals Eintrittskarten für Zirkusaufführungen, die Tiere für ihr Unterhaltungsgeschäft benutzen, kaufen. Wenn ihr das tut, dann unterstützt ihr das Leiden und den abartigen Lebensstil dieser wertvollen Tiere.

Grausamkeit in irgendeiner Form ist für ein erwachtes Wesen niemals unterhaltsam.

„Jede Religion, die nicht auf dem Respekt
vor dem Leben aufbaut,
ist keine wahre Religion.
Solange der Mensch sein Mitgefühl
nicht auf alles Leben ausdehnt,
wird er selbst keinen Frieden finden."

Albert Schweizer

5.

Lasst meine Brüder und Schwestern aus dem Tierreich gehen!

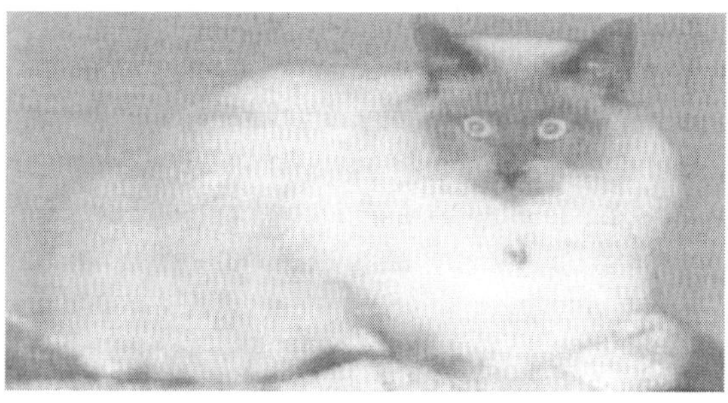

Angelo

Den Hauptteil meiner Botschaft diktierte ich Louise über einen längeren Zeitraum hinweg und sie schrieb ihn in ihren Computer. Wir kamen nie richtig zu einem Abschluss. Bevor wir nun die Durchgaben beenden, ist es mein Wunsch, euch über einige wichtige Punkte zu informieren.

Die meisten Menschen wissen aus den verschiedensten Büchern, Prophezeiungen oder anderen Quellen, dass das Jahr 2000 den Beginn großer Veränderungen auf diesem Planeten und unter der menschlichen Zivilisation, die hier lebt, bringen wird. Wenn ihr eure heiligen Schriften und Bücher noch einmal genau anseht und die verschiedenen Prophezeiungen, die über das Ende dieses Erdenzyklusses gemacht wurden, noch einmal lest, wird euch in eurem Herzen schnell bewusst werden, dass die Hauptveränderung für die Erde und ihre Bewohner kurz bevor steht. Diese Veränderungen stehen nun an und werden sich spürbar manifestieren.

Diese Veränderungen werden viel grundlegender sein als ein Virus auf einem Computer es jemals sein kann. Die meisten Menschen verleugnen diese Geschehnisse und haben sich entschlossen, sie zu ignorieren. Sie führen ihr Leben auf der Erde genauso fort, als ob sie davon ausgingen, dies für immer so weitermachen zu können.

Angelo sagt... so nicht!

Es ist nicht an der Zeit, euch zu erzählen was bald auf eurem Planeten geschehen wird. Ich weiß jedoch, dass es viele verschiedene Szenarien geben wird, die an verschiedenen Orten der Erde zu unterschiedlichen Zeitpunkten auftreten werden. Ich kann euch von einem erzählen, das sicher Aufsehen erregt, haltet euch fest!

Die Zeit wird sehr bald kommen, zu der viele Tierarten,
die zu dieser Zeit auf der Erde leben,
den Planeten verlassen werden.
Tatsächlich haben viele Arten die Erde
bereits verlassen und viele neue Arten sind erschienen.

Für diejenigen, die gehen werden und noch hier sind, ist dies die letzte Phase der Vorbereitung. Es wird nichts geben, was ihr tun könnt, um sie aufzuhalten, egal, wer ihr seid und wie sehr ihr es versucht. Die Aufforderung, die an diese Tierarten ergangen ist, kommt von Gott. Ihr Zyklus hier zu dieser Zeit ist jetzt abgeschlossen.

Ihre Hierarchien haben ihre Rückkehr auf ihre Heimatplaneten bereits angeordnet, und ihre Bitten wurden erhört.
Sie müssen gehen, um selbst Heilung zu erfahren.
Wenn die angemessene Zeit näher rückt, werden sie bei ihrem Weggang unterstützt.

Es gibt andere, die dazu bestimmt sind, hier zu bleiben, die aber bald eine andere Form annehmen werden. Beispielsweise werden die Hühner zu einer anderen Art von Vögeln mutieren. Die Kühe werden zu einer Art mutieren, die der Rehfamilie ähneln wird. Sehr bald, in wenigen Jahren, wird keiner mehr den anderen fressen. In der neuen Welt wird dies als sehr barbarisch betrachtet und als eine Praktik, für die man sich schämt. Alle Menschen und Tiere werden Vegetarier.

Bald werden große Veränderungen auf diesem Planeten stattfinden. Alle Tiere, die vor der Menschheit Angst bekommen haben oder die den Menschen nicht freundlich gesonnen sind sowie diejenigen, die von Aggressionen und Feindseligkeit betroffen sind, bereiten sich jetzt vor zu gehen. Manche Arten werden in Gruppen zusammen gehen, alle auf einmal und andere werden Schritt für Schritt gehen. Sie haben ihre Aufgabe erfüllt und ihrer Bestimmung gedient, auf diesem Planeten, soweit wie es ihnen erlaubt wurde. Der Abwanderungsprozess hat bereits begonnen.

Sie werden durch andere ihrer eigenen Spezies ersetzt, die mehr an die neue Welt angepasst sind, in die wir gehen oder sie werden alle zusammen durch eine völlig neue Spezies ersetzt werden. Alle Aggressionen der Tiere werden vermutlich ausgelöscht werden, einschließlich die der Raubkatzen. Sie werden so sanft und kooperativ sein wie ein domestiziertes Mietzekätzchen.

Menschen, die eine einzigartige Beziehung der Liebe zu einem Tier haben, zu einer Katze, zu einem Hund oder sogar zu einem Pferd, wird es erlaubt sein, zusammen zu bleiben. Ihr werdet fähig sein, sie mitzunehmen in eine höhere Frequenz der Erdschwingung, die dabei ist, den Planeten zu erhöhen. In der Strahlkraft der neuen Erde werden die Kleinen, die ihr so liebt, auch in eine höhere Schwingung erhoben, was sie befähigen wird, wenn sie es wollen, länger bei euch zu bleiben als es jetzt möglich ist. Ihre Lebenszeit wird verlängert.

Alle Tierarten haben ihre eigenen Planeten, von denen sie abstammen und viele werden nach Hause gehen.

Sie gehen nach Hause, um geheilt zu werden und einmal wieder an einem Ort daheim zu sein, an dem jedes Tier von Grund auf und völlig bedingungslos geliebt wird. Sie gehen dorthin, wo sie keine Angst haben müssen, angegriffen, gejagt, gegessen, eingesperrt, gefangen, misshandelt oder umgebracht zu werden. Sie gehen dorthin wo die Gesetze des Dschungels oder das Überleben des Stärkeren nicht länger existieren. Sie gehen zurück, alle von ihnen auf ihre eigenen Ursprungsplaneten, auf dem nur Liebe existiert. Sie müssen von den Ängsten und Aggressionen auf diesem Planeten, die sie durch das Leben von tausenden, manchmal Millionen von Jahren übernommen haben, geheilt werden.

Alle Arten waren sehr liebevoll und sanft, als sie das erste Mal hierher kamen. Alle Tiere und Menschen waren wundervolle

Freunde und konnten so leicht miteinander kommunizieren, wie ihr es jetzt unter euch könnt. Sie haben mehr und mehr die aggressive Art der Menschen übernommen. Für tausende von Jahren haben sie der Erde einen sehr großen Dienst erwiesen. Sie haben auch bei eurer eigenen persönlichen Evolution geholfen. Ihre völlige Heilung mag einige Zeit brauchen, aber sie gehen an einen Ort großer Liebe und großen Lichtes, an dem sie wieder zu Ausgeglichenheit und Ganzheit zurückfinden werden.

Es ist jetzt an der Zeit,
dass sie ihren Lohn bekommen!
Lasst sie, in euren Herzen, gehen.
Lasst meine Brüder und Schwestern
aus dem Tierreich gehen, sagt Angelo!

Ich kann fast eine Welle von Panik in der Gefühlswelt von einigen von euch spüren. Stellt ihr euch vor, wie die Welt sein wird, ohne ein bestimmtes Tier?

Tiere sind die Kinder der Erdmutter, und sie hat sich schon darauf vorbereitet, viele neue Arten von sehr schönen und intelligenten Tieren aufzunehmen, die euch viel Freude bereiten werden. Sie hat sich darauf vorbereitet, sie mit viel Liebe und Zärtlichkeit aufzunehmen. Werdet ihr euch, in euren Herzen, darauf vorbereiten dasselbe zu tun?

Angelo enthüllt das größte und bestgehütete Geheimnis auf diesem Planeten

Ich werde nun mit euch das größte und bestgehütete Geheimnis auf diesem Planeten teilen.

Louise weiß seit einiger Zeit um dieses Geheimnis und sie ist genauso aufgeregt es mit euch zu teilen, wie ich. Wir beide fühlen, dass es jetzt an der Zeit ist, die Katze aus dem Sack zu lassen. Nur wenige Menschen, die auf der Oberfläche dieses Planeten leben, kennen dieses Geheimnis schon. Diejenigen, die meine Botschaft lesen, gehören zu den Ersten, die es erfahren.

In der Erde gibt es verschiedene Zivilisationen von „unsterblichen" Menschen, die dort leben. Einige von ihnen sind seit ein paar Jahrtausenden da. Einige leben in der Inneren Erde, einige in der Mittelerde und viele weitere leben in unterirdischen Städten, überall in der hohlen Erde.

Die Leute dieser Zivilisation leben zwischen ein paar hundert und einigen tausend Jahren, je nach eigener Wahl. Sie besitzen dreidimensionale Körper, wie die euren, aber sie sind nicht denselben Begrenzungen unterworfen, wie ihr sie momentan habt. Seit tausenden von Jahren leben sie nur nach den Konzepten der Liebe und wohlwollender Bruderschaft. Der Grad der Evolution, den sie erreicht haben, lässt Menschen der Erdoberfläche wie Kindergartenkinder erscheinen.

Sie sind alle voller Mitgefühl, sehr freundlich und sie beurteilen euch nicht. Sie haben sehr fortschrittliche Technologien, verglichen mit den euren von der Erdoberfläche, die sie nur für gute Zwecke nutzen. Sie freuen sich sehr, bald aus ihrem Untergrundparadies herauszukommen. Ihre Absicht ist, euch allen dabei zu helfen, euren Übergang auf die neue Erde zu erreichen, die bald vor uns allen entstehen und uns aus unserer gegenwärtigen Realität in ein glorreiches Zeitalter der Erleuchtung und des Friedens führen wird.

Spirituelle Vorbereitung ist das wichtigste Geschenk,
das du dir selbst bereiten kannst in dieser Zeit.

Beispielsweise die Leute, die in der unterirdischen Stadt Telos, unterhalb des Mount Shasta, leben, sind ca. 2,45 Meter groß und leben dort seit fast 12.000 Jahren. Sie siedelten sich unter der Erde an, als der Kontinent von Lemurien im pazifischen Ozean versank. Weil sie erst kürzlich, verglichen mit der Dauer, die andere Zivilisationen schon in der Erde leben, dort hinkamen, werden sie „die neuen Kinder im Block" genannt. Für Oberflächenbewohner scheinen 12.000 Jahre eine lange Zeit zu sein, aber für die Zivilisationen in der Erde, die schon sehr lange dort leben, war es erst vor kurzer Zeit.

Jetzt ist es für euch alle an der Zeit, euer Bewusstsein auszudehnen und aufzuhören, die Erdgeschichte in einem so kleinen Rahmen zu sehen, wie dies von euren Lehrern gelehrt wird. Die meisten von euch haben keine Vorstellung von der Lebensdauer eines Planeten. Es scheint, als wären sich eure Historiker nur eines kleinen Fragments der gesamten Erdgeschichte bewusst.

Es gibt Millionen von Menschen, die in der Erde leben. Telos wird als eine mittelgroße, unterirdische Stadt angesehen und beherbergt zurzeit eine halbe Million Lemurianer.

Euch wurde glauben gemacht, dass alle Lemurianer untergingen, als ihr Kontinent zerstört wurde. Ein kleiner Teil von ihnen entkam jedoch in die Erde und lebt noch heute dort in den vielen unterirdischen Städten, die sie gebaut haben.

Bald, so planen die Untergrundzivilisationen, werden sie an die Oberfläche kommen und sich unter uns mischen, endlich wieder nach tausenden von Jahren, in denen es wenig Kommunikation und keine Interaktion mit Oberflächenbewohnern gab. Im Moment sind viele von ihnen dabei, ihre letzten Vorbereitungen für das große Ereignis auf der Oberfläche zu treffen.

Die Lemurianer haben ihre alte Kultur aufrechterhalten. Sie haben sie zu einem hohen Grad der Vollkommenheit entwickelt. Wenn ihr mehr über dieses Thema wissen wollt, dann lest das Material und die Botschaft der unterirdischen Städte in den Telos Büchern von Aurelia Louise Jones *(erschienen im Lippert-Verlag)*. Jetzt möchte ich zu meinem ursprünglichen Thema zurückkehren, bevor ich zu sehr abschweife.

Das größte Geheimnis!

Hunderte von Tierarten, die vor langer Zeit,
vor vielen tausenden von Jahren, diesen Planeten bevölkerten
und die von euren Historikern als ausgestorben bezeichnet werden,
haben niemals wirklich die Erde verlassen - nicht alle von ihnen.
Sie haben nur die Oberfläche verlassen.
Die meisten dieser Arten sind immer noch hier,
sie leben in der Erde.

Einige Tiere, fast aller Gattungen, wurden von den verschiedenen unterirdischen Zivilisationen während verschiedener Zeitalter, als Tumulte, Kriege und Kämpfe auf der Oberfläche tobten, gerettet. Als sie sich in den Untergrund zurückzogen, nahmen sie auch ihre Tiere mit. Bis zum heutigen Tag warten die Tiere auf ihr Wiedererscheinen auf der Oberfläche. Ihre ursprüngliche Schönheit, Intelligenz und Sanftheit wurde bewahrt.

Diese Tiere sind viel vollkommener als die Tiere auf der Oberfläche, die wir hier jetzt haben, weil sie geliebt wurden und weil sie niemals auf irgendeine Art und Weise von Oberflächenbewohnern missbraucht wurden. Die Tiergattungen, die jetzt auf der Oberfläche leben, sind durch den negativen Umgang mit den Oberflächenbewohnern degeneriert, verglichen mit den ursprünglichen Schöpfungen. Es gibt eine große Anzahl von Züchtungen und Arten, die ihr nicht kennt. Ihr Erscheinen wird unserem zukünftigen Leben viel Freude bringen. Es ist so wundervoll! Heißt sie in euren Herzen willkommen!

Wenn die Menschen ihre gegenseitige Gewalttätigkeit aufgeben und auch die gegen das Tierreich, wenn die Leute der Inneren Erde fühlen, dass ihre Tiere in den Händen der Oberflächenbewohner wieder sicher sind, werden sie sie wieder zurück auf die Erde bringen.

Diese beeindruckenden Tiere werden die Arten von Tieren sein, die die neue Erde bewohnen. Wie aufregend! Ich weiß, dass Louise es kaum erwarten kann, bis sie wieder die großen Katzen streicheln kann.

Im Inneren der Erde sind praktisch alle Tiere freundlich und sanft. Keines von ihnen empfindet Angst oder Aggressionen den Menschen gegenüber. Seit tausenden von Jahren wurden sie nur mit Liebe behandelt, als jüngere Schwestern und Brüder. Jegliche Aggression wurde eliminiert. In der Erde sind alle Tiere Vegetarier, keiner frisst den anderen. Sogar Löwen und Tiger, die auf der Erdoberfläche nur Fleisch gefressen haben, sind Vegetarier und sehr zahm. Jeder kann sich ihnen nähern, sanft an ihren Barthaaren oder Schwänzen ziehen und ist völlig sicher dabei. Im Inneren der Erde sind Tiere freundlich mit den Menschen und sie kommunizieren telepathisch miteinander, wie sie es in alten Zeiten taten, als es noch keine Dunkelheit und keine Gewalt auf der Erde gab, als alle Menschen nach den Grundsätzen des Lichtes, der bedingungslosen Liebe und in Bruderschaft miteinander lebten.

Innerhalb der Erde leben die Bewohner ein wundervolles, paradiesisches Leben. Sie hoffen, dass ihr bald bereit seid, von ihnen die Möglichkeiten zu erlernen, wie ihr selbst ein solch paradiesisches Leben auf der Oberfläche erschaffen könnt. Wenn sie sich zeigen werden, dann kommen sie als Lehrer, wenn ihr sie akzeptiert. Sie sind darauf vorbereitet, ein Rollenmodell anzubieten, das ihr übernehmen könnt, um ein dauerhaftes goldenes Zeitalter des Friedens, Reichtums, der Liebe und der Erleuchtung für alle auf dem Planeten zu erschaffen. Was für eine Veränderung wäre dies für uns aus dem Tierreich!

Niemandem, der noch Hassgefühle in seinem Herzen hegt, wird es erlaubt sein, in dem Strahlen und den Wundern der neuen Erde zu verweilen. Das nächste Jahrtausend wird die Tür zu diesem Paradies öffnen, dem Wiederkehren des Garten Edens. Ich würde euch empfehlen, jetzt mit dem Anheben eurer Energie und eures Bewusstseins zu beginnen, wenn es euer Wunsch ist, die Erlaubnis zu bekommen, ins neue, versprochene Land zu gelangen. Niemandem, der noch negative Muster, Lebensgewohnheiten und Schwingungen der alten Paradigmen von Gewalt und Angst mit sich trägt, wird es erlaubt sein, den neuen Garten Eden zu betreten.

Innerhalb der Erde ist wirklich der Ort,
an dem der Löwe und das Lamm beieinander liegen,
die von dem kleinen Menschenkind geleitet werden.
Es existiert bereits jetzt, ich sage es euch!
Nur einige Kilometer unter euren Füßen.

Angelos Schlusswort

Es gäbe noch viel mehr, das ich mit euch teilen möchte. Eines Tages werde ich euch über den Katzenhimmel berichten und von anderen Tierparadiesen, aber für jetzt habe ich genug gesagt. Nun brauche ich meine Ruhepause, aber ich habe vor, ein anderes Mal wieder zu euch zu sprechen. Ich bedanke mich, dass ihr mir erlaubt habt, die Schwere meines Herzens mit euch zu teilen. Vielleicht werden Louise und ich einmal ein anderes Buch schreiben.

Die Veränderungen, die bald auf der Erdoberfläche ersichtlich werden, sind sehr positiv, dennoch muss die Erde sich selbst von der momentanen Negativität reinigen. Louise bereitet uns schon auf den sicheren Übergang auf die neue Erde vor. Habt keine Angst.

Wenn ihr eure gewaltsame und negative Art jetzt aufgebt, habt ihr nichts zu befürchten. Die Leute der Inneren Erde werden kommen und denjenigen helfen, die sie in ihrer Mitte willkommen heißen. Ihre Hilfe wird die verschiedenen, zeitlich begrenzten Stressphasen, die beim Aufstieg hervorgerufen werden, großartig und sanft verringern.

Seht diese Zeit als Freude und großartige Erneuerung. Diese Zeit repräsentiert nicht das Einläuten des Endes der Welt, aber des Endes der Welt wie wir sie kennen.

Wir stehen an der Schwelle eines wundervollen neuen Anfangs.

Die Menschen und alle Reiche der Erde warten schon sehr lange auf dieses neue Zeitalter. Und jetzt ist diese Zeit da. Gott und die engagierte spirituelle Hierarchie dieses Planeten und Millionen von

Engeln sind jetzt nahezu bereit, in einem Augenblick die neue Erde durch das Erschaffen eines Wechsels in eine andere Dimension entstehen zu lassen.

Der Wechsel in eine andere Dimension mag noch einige Zeit dauern, aber wir wissen, dass es keine Jahrzehnte mehr sind. Der Wechsel hat bereits begonnen und er wird in der nächsten Zeit sehr viel deutlicher erkennbar werden.

Nur diejenigen, die durch die Liebesschwingung in ihren Herzen in genügend Resonanz gehen können, werden mit dem Privileg der Erlaubnis in das neue Paradies hinübergehen zu dürfen, gesegnet sein. Diejenigen, die noch Widerstände haben, werden den Planeten verlassen oder in der alten Welt des Schmerzes und des Leidens zurückbleiben.

Ich hoffe, dass ich heute euer Herz innig genug berühren konnte, so dass ihr meine Botschaft ernst nehmen könnt. Ich hoffe auch, dass ihr die Entscheidung trefft, ein Aktivist für den Schutz der „behaarten Wesen“ aus dem Tierreich zu werden.

Ich danke Louise dafür, dass sie so viele Stunden des Schreibens und des Verlegens an ihrem Computer verbracht hat.

Es ist sehr dringend, dass sich alle Menschen
Seelen des Lichtes nennen.
Kinder des Einen, tut etwas gegen das Leiden
und die schlechte Behandlung
der Tiere auf diesem Planeten.

Louise lässt uns spüren, dass wir die wertvollsten Katzen des Universums sind. Einige Leute würden sich darüber mit ihr streiten, aber uns gibt es das Gefühl, wichtig und geliebt zu sein.

Stellvertretend für das Tierreich auf diesem Planeten senden Tender-Heart und ich euch allen Liebe, Heilung, Hoffnung und Erleuchtung. Wir versprechen, dass ihr Frieden und großes Wohlergehen erlangen werdet, wenn bedingungslose Liebe für alle Formen des Lebens auf diesem Planeten garantiert sind. Ihr findet den Schlüssel zur Liebe in eurer Meditation, wenn ihr die geheimen Kammern eures Herzens erforscht. Geht hin und findet die Bedeutung dieser Worte heraus.

Und so hat Angelo gesprochen!

6.

Botschaft von Adama, dem Hohepriester von Telos

Ich bin Adama, der Hohepriester von Telos, der unterirdischen Stadt unterhalb des Mount Shasta. Unsere Freundin Aurelia Louise bat mich, eine kurze Mitteilung zu geben, um Angelos Botschaft abzuschließen. Ich sehe es als ein Privileg, diese Gelegenheit zu nutzen, einige Gedanken mit euch zu teilen, mit all denjenigen, die Angelos wichtige Botschaft lesen.

Liebe Freunde, in Telos kennen wir Angelo schon seit Langem. Angelo war der Tiergefährte von Aurelia Louise, schon seit der Zeit von Lemurien, als beide in den Tempeln lebten. Louise als Hohepriesterin und Angelo als Tempelkatze. Seit tausenden von Jahren haben sie sich gegenseitig viel Gnade in ihr Leben gebracht.

Der Teil von Angelo, mit dem wir vertraut sind, ist der höhere Aspekt seiner Seele. In seinem gegenwärtigen kleinen Körper beherbergt er nur einen kleinen Teil seines ganzen Wesens. Unsere gegenwärtigen Begegnungen mit Angelo und Louise finden gewöhnlich auf den inneren Ebenen statt, auf der Seelenebene, wenn ihre physischen Körper schlafen. Man könnte sagen, dass die inneren Ebenen Orte großer Zusammenkünfte sind. In Telos haben wir eine viel umfangreichere Wahrnehmung der inneren Ebenen, als ihr auf der Oberfläche, weil unser DNA-Code entwickelter ist.

Die Botschaft von Angelo, die ihr gerade gelesen habt, kommt aus den höheren Aspekten seiner Seele, aus dem Teil, der mit dem universalen Geist verbunden ist, Louise hat das erkannt. Wenn sie sich beide, um eine bestimmte Aufgabe zu erfüllen, mit der göttlichen Kraft des universalen Geistes verbinden, kann großartige Arbeit getan werden. Ihr alle könnt das auch, es ist nur eine Frage der bewussten Entscheidung dies zu tun, und der Übung, um mit diesem Prozess vertraut zu werden.

Wir sagen euch, dass Tiere sich immer wieder inkarnieren, so wie ihr es tut. Ihre Verkörperungen sind immer nur Ausläufer eines viel größeren Ganzen. Wir alle, einschließlich der Tiere, sind Ausläufer eines riesigen Lichtwesens, so riesig und so wundersam, dass ihr euch, an dem Tag, an dem ihr eure Göttlichkeit verstehen werdet, in absoluter Verwunderung wiederfinden werdet. Dies ist mit dem Konzept der Mehrdimensionalität verbunden; einem Konzept, das für den dreidimensionalen Geist schwierig zu verstehen ist.

Gott, in seiner großartigen Liebe und Natur, erschafft immerwährend, er vergrößert und expandiert sich in einem größeren und weiteren Spektrum der Manifestation. Das Tierreich ist nur eines unter den vielen unendlichen Expansionen. Alles ist ein Teil Gottes, ihr Lieben. Alles. Wenn ihr euch gestattet einen Teil des Lebens Gottes zu verletzen, dann verletzt ihr alle, einschließlich eurer selbst.

Auf den inneren Ebenen sind Tiere mit einer großen Intelligenz ausgestattet und sie sind ganz anders, als ihr es euch jemals vorstellen könnt mit eurem gegenwärtigen Bewusstsein. Einige von ihnen regieren Welten und Planeten. Tiere leben in vielen Dimensionen. Alle Tiere besitzen eine Überseele oder ein Höheres Selbst, genau wie alle Menschen. Der Unterschied besteht darin, dass sie Teile eines anderen Reiches sind. Trotzdem sind sie Verlängerungen eines viel größeren Körpers des Bewusstseins, ein anderer Aspekt der Göttlichkeit. Bewusstsein breitet sich von der höheren Ebene der Gottheit aus bis hin zur niedrigsten Ebene der ersten Dimension, der Steine und Mineralien.

Alle sind Gott, in seinen unterschiedlichsten Ausdrucksformen.

Je höher die Dimension, desto größer ist das Verständnis von Liebe und desto umfangreicher ist das Bewusstsein.

Tiere teilen mit euch den Planeten, weil sie euch mögen. Sie haben sich dazu entschlossen herunterzukommen, um die dritte Dimension zu erleben. Sie sind auch gekommen, um Helfer und Lehrer zu sein, um der Menschheit auf eine Art zu helfen, die ihr jetzt noch nicht versteht. Weil sie es gewählt haben, in einem anderen Körper als ihr ihn habt zu kommen, sind sie nicht minderwertig. Und selbst wenn sie es wären, gäbe es keine moralische und spirituelle Rechtfertigung für die Art, wie Tiere momentan auf der Erdoberfläche behandelt werden. Ihre Körper schwingen nur einen Ton niedriger als eure, in eurem dreidimensionalen Ausdruck. Lasst uns das ganz klar erkennen. Es gibt keinen Unterschied, den man euch für so lange Zeit hat glauben machen wollen und den ihr als Freibrief für die Ausbeutung der Tiere benutzt.

In eurem begrenzten Verständnis habt ihr euch erlaubt, so viele Arten von Tieren als Gegenstand zu betrachten und sie für selbstsüchtige Zwecke oder des Profites wegen zu missbrauchen. Wir sagen euch, das ist nicht was Tiere sind. Die goldenen Regeln müssen für alle reinen Wesen angewandt werden, nicht nur für das Menschenreich. Wenn ihr voranschreiten wollt auf der Leiter eurer eigenen Evolution, dann könnt ihr dies nur erreichen, wenn ihr allen Lebensformen mit bedingungsloser Liebe in Worten, Gedanken, Gefühlen und Taten begegnet.

Liebe ist der einzige Schlüssel.

Es gibt keinen anderen. Es gibt kein Fleckchen in der Schöpfung, das nicht durch Liebe entstanden ist und ihr könnt euch keinen Fleck der Schöpfung aussuchen, den ihr nicht liebt, wenn ihr weitergehen wollt.

In der geistigen Welt, auf den Ebenen der vierten und fünften Dimension, sind alle mit ihrem höheren Lichtkörper verbunden. Auch die Menschen sind mit ihrem höheren Lichtkörper verbunden, wenn ihre ICH BIN - Gegenwart in höheren Dimensionen existiert.

Das Höhere Selbst deines Wesens ist von großer Intelligenz und unbegrenzter Perfektion. Dein dreidimensionales Leben auf der Erde reflektiert nur einen kleinen Teil deiner Göttlichkeit, die du in Wahrheit bist. In der Schöpfung und auf den höheren Ebenen gibt es kein weniger, niedriger, besser als, nicht so gut wie usw. Das ist alles ein Ausdruck des limitierten, menschlichen Bewusstseins. Alle werden gleichermaßen geliebt und als Ausdruck Gottes in ständiger Bewegung angesehen *(Evolution).*

Es gibt einen Unterschied zwischen euch und den Tieren, aber es ist nicht der, den man euch glauben machte. Meine Freunde, in den unterirdischen Städten bringen wir den Tieren viel Achtung entgegen und wir sehen sie als unsere jüngeren Brüder und Schwestern auf der Leiter der Evolution. Wir behandeln sie unter denselben Gesichtspunkten, die wir uns für uns selbst wünschen würden.

Lasst uns einmal annehmen, dass es beispielsweise in einer menschlichen Familie zehn Kinder gibt. Würdet ihr sagen, dass die jüngeren Kinder weniger Wert sind als die älteren, nur weil sie noch weniger Erfahrung haben und noch nicht so viel wissen wie die älteren Geschwister? Würdet ihr sagen, dass die jüngeren Kinder es nicht verdienen, mit derselben Liebe und Achtung behandelt zu werden wie die älteren Kinder und dass sie mit Recht missbraucht werden dürfen, weil sie noch nicht so entwickelt sind?

Ich würde sagen nein, weil ihr genau wisst, dass sie in ein paar Jahren aufgeholt haben. So ist es auch mit den Tieren. In der Hierarchie oder in der Familie Gottes sind die Tiere, die sich mit uns die Erde teilen, die jüngeren Mitglieder.

Ich hoffe, dass ihr den Punkt, den ich euch zu erklären versuche, versteht. Alles in der Schöpfung hat Bewusstsein, vom Größten zum Kleinsten. Letztendlich sind alle gleichgestellt.

Die Information ist richtig, dass wir in Telos viele Arten von Tieren unter unseren Schutz genommen haben, die auf der Erdoberfläche schon ausgestorben sind. Andere Zivilisationen, die schon länger als wir unter der Erdoberfläche wohnen, haben eine große Anzahl von Tieren bei sich, die schon viel länger ausgestorben sind. Wir haben viele Arten von Katzen, in allen Größen. Ihr Gewicht variiert von fünf bis sechs Pfund bis zu hundert Pfund. Wir haben Arten von Hunden und Pferden, die weiterentwickelt sind als die auf der Erdoberfläche und die euch viel Freude machen werden, wenn es ihnen eventuell erlaubt wird, unter euch zu leben. Die meisten unserer Tiere sind größer als diejenigen, die ihr jetzt habt. Beispielsweise sind viele der großen Katzen doppelt so groß, wie die auf der Oberfläche. Viele Pferde sind größer, aber einige haben eine Größe erlangt, die euch wirklich gefallen würde.

Unsere Tiere sind uns sehr lieb.
Seid versichert, dass sie nicht
in eure Hände entlassen werden,
bis die Gewalt völlig aus eurer Welt
verschwunden ist.

- Alle unsere Tiere sind sanft und wurden nie Negativität oder irgendeiner Art von Gewalt ausgesetzt. Jeder kann sich ihnen in völliger Sicherheit nähern und mit ihnen schmusen.
- Keines unserer Tiere hat sich jemals vor Menschen gefürchtet. Weder töten sie sich noch essen sie sich gegenseitig auf. Sie sind alle Vegetarier.
- Unsere Tiere wurden nie gejagt oder in Käfige gesperrt. Sie dürfen ihre ganze Lebensspanne ausleben, die viel länger ist, als die der Erdoberflächentiere.

Seid versichert, dass wir sie nicht zur
Oberflächenzivilisation entlassen werden,
solange die leiseste Möglichkeit besteht,
dass sie verletzt werden
oder weniger Liebe bekommen,
als sie es hier gewohnt sind.

Wir erkennen die einzigartige Intelligenz in jeder Tierart und wollen niemals, dass sie auf irgendeine Ebene der Unterwerfung gebracht werden. Sie sind sanftmütig und wollen uns gut tun.

Alles was wir benötigen, ist telepathische Kommunikation, um völlig mit ihnen zusammenzuarbeiten. Im Namen der Zivilisationen der Inneren Erde sage ich euch, dass wir euch alle mit großer Freude und Anteilnahme beobachten, liebe Brüder und Schwestern, wie ihr eure Herzen und euren Geist öffnet, wie ihr beginnt, die Art und Weise, wie ihr die Tiere wahrgenommen und behandelt habt, zu verändern.

Wir schicken euch unsere Liebe, unser Licht und unsere Freundschaft. Wir freuen uns auf unser Erscheinen auf der Oberfläche und darauf, wieder mit euch zu sein, uns die Hände zu reichen und euch zu lehren, was wir durch das Leben in der Schwingung der Liebe, des Friedens und der Bruderschaft seit tausenden von Jahren, ohne die Beeinflussung von Kriegen, Kontrolle, Gier, Angst, Manipulation und endloser Bürokratie, gelernt haben.

Die Zeit kommt bald für unsere Zivilisationen, wieder im Geiste einer großen Familie vereint zu sein, seit tausenden von Jahren der physischen Trennung. Wenn wir aus unseren unterirdischen Wohnorten durch viele Tunnel, die in jedes Land und in jede Stadt auf diesem Planeten führen, hervortreten, wird für alle, die ihre Herzen und ihren Geist öffnen, um uns zu empfangen, eine Zeit der großen Freude anbrechen.

Ihr werdet eure Schmerzen, eure Kämpfe und eure Sorgen ablegen. Unsere Absicht ist es, euch dabei zu helfen, das Leben zu erschaffen nach dem ihr euch so lange gesehnt habt. Zusammen werden wir eine sehr lichte Zukunft für uns alle erschaffen, für die Bewohner der neuen Erde. Es wird für alle eine Situation des Gewinnens sein. Wir sind eure älteren Brüder und Schwestern und wir lieben euch alle sehr.

Ich bin Adama, euer lemurianischer Bruder.

7.

Gebet für die Tiere

Geliebter Himmlischer Vater, höre unser bescheidenes Gebet.

Wir erbitten Gnade und Schutz für unsere Freunde, die Tiere, besonders für die Tiere, die gejagt werden und die verloren sind.

Wir erbitten Gnade für diejenigen, die ausgesetzt wurden oder in Schmerzen leben.

Wir beten für all diejenigen, die niemanden haben, der sie liebt.

Wir beten auch für die Millionen unserer Kleinen, die Tag für Tag, Jahr um Jahr, durch unbarmherzige Experimente in Tierversuchslaboratorien gequält werden.

Wir bitten um Gnade für die Tiere, die eingesperrt und den grausamsten Behandlungen unterworfen sind, bis ein qualvoller Tod sie von ihren Unterdrückern erlöst.

Wir bitten darum, dass Tiere wieder als unsere jüngeren Brüder und Schwestern auf der Evolutionsleiter erkannt werden.

Wir bitten auch um Vergebung, oh Gott, für die immense Unterdrückung, die dem Tierreich entgegengebracht wird! Bitte sende Millionen von Engeln, um diese Unglücklichen zu trösten, zu heilen und zu nähren.

Wir bitten um deine Gnade und dein Mitgefühl für alle Tierwesen auf diesem Planeten. Und für die Täter bitten wir um Öffnung und Weitung ihrer Herzen.

Für diejenigen, die den Mut haben sie zu retten und ihre Rechte einzufordern, bitten wir um Schutz und Mittel, sodass sie ihre Arbeit fortsetzen können.

Wir bitten darum, dass sie über alle Maßen gesegnet werden. Hilf uns zu verstehen, dass alle Tiere, groß und klein, Teile der göttlichen Schöpfung sind und auch Teile eines größeren Planes, der dem menschlichen Geist unbekannt ist.

Wir sind den Wesen des Tierreiches, die unseren Planeten mit so viel Liebe und Toleranz gesegnet haben, für immer sehr dankbar.

Mach uns zum Werkzeug wahrer Freundschaft mit den Tieren und mit allen Formen des Lebens, sodass wir den Segen mit den Sanftmütigen und Gnädigen teilen können.

Lass Frieden auf Erden sein

Lass Frieden auf Erden sein
und lass ihn in mir beginnen.
Lass Frieden auf Erden sein,
den Frieden, der bestimmt ist.
Mit Gott als Schöpfer
sind wir alle eine Familie.
Lass uns miteinander in
vollkommener Harmonie leben.
Lass den Frieden mit mir beginnen,
lass dies jetzt geschehen.
Mit jedem Schritt, den ich gehe,
lass dies mein freudvolles Gelöbnis sein.
Jeden Moment zu nutzen
und jeden Moment zu leben in ewigem Frieden.
Lass Frieden auf Erden sein
und lass ihn in mir beginnen.

(Jill Jackson und Sy Miller)

Die weltbekannte Telos-Serie

mit den Original-Büchern von Aurelia Louise Jones

Telos - Buch 1 - Enthüllungen des Neuen Lemuria, 272 S., EUR 21,90/CHF 34,90 ISBN 978-3-933470-19-5, Inhalt: Unsere Verbindung mit Lemuria; Botschaften von Adama, dem Hohepriester von Telos; Botschaften verschiedener Wesen.

Telos - Buch 2 - Botschaften zur Erleuchtung der Menschheit im Transformationsprozess, 292 S., Inhalt: Botschaften von Adama; Botschaften verschiedener Wesen aus Telos. EUR 22,90/CHF 36,50 ISBN 978-3-933470-16-4,

Das CD Set zur Telos-Serie finden Sie auf den nachfolgenden Seiten!

Telos - Buch 3 - Aufzeichnungen aus der 5. Dimension, 352 S., EUR 24,90/CHF 39,90 ISBN 978-3-933470-15-7 Inhalt: Übungen und Aufzeichnungen zur Entwicklung eines 5-dimensionalen Bewusstseins; verschiedene Channelings; die heiligen Flammen und ihre Tempel.

Blühende Hochkulturen und versunkene Kontinente haben nie aufgehört, die Menschheit zu faszinieren. Viel wurde schon über Atlantis geschrieben, vergleichsweise aber fast nichts über den einst im Pazifik gelegenen Kontinent LEMURIA. In der Fülle der spirituellen deutschsprachigen Literatur sind die Telos-Bücher von Aurelia Louise Jones einzigartig und vermitteln einen umfassenden Überblick über die „Enthüllungen des Neuen Lemuria".

Kurz vor der Jahrtausendwende meldet sich der Hohepriester Adama bei der Autorin und offenbart ihr die Existenz der unterirdischen Stadt TELOS unterhalb von Mount Shasta in Kalifornien, wo die Überlebenden des versunkenen Kontinentes Lemuria über die letzten 12 000 Jahre hinweg stillschweigend nicht nur ihre Kultur erhalten, sondern sogar zum Paradies weiterentwickelt haben - und dies nicht etwa als Geistwesen, sondern in realer, physischer und berührbarer Form.

Die Telos-Bücher von Aurelia Louise Jones vereinen in wunderbarer Sprache einen Sterntalerregen aus Sensation, Geschichtskunde, Einweihungsweg, Liebesgaben, Familienzusammenführung, Herzöffnung und universellen Weisheitslehren ..; sie bieten eine spannende, detailreiche Offenbarung der Extraklasse und stellen einen Portalöffner für Vergangenheit, Gegenwart und Zukunft dar. Zahlreiche begeisterte Leserberichte bezeugen, dass der Leser die Bücher schon nach den ersten Zeilen „nicht mehr aus der Hand legen" wird.

Die Aufstiegsflamme der Reinheit und Unsterblichkeit

Aufstiegsaktivierungen - Zeremonien mit dem atomaren Beschleuniger - Gebete Broschur, 96 Seiten, EUR 12,90/CHF 20,50 ISBN 978-3-933470-14-0

Mit der großen Liebe unserer Herzen senden wir jedem, der diese Informationen liest, den Segen aus Luxor und Telos. Seid euch bewusst, meine Lieben, dass niemals in der Geschichte der Erde für die Menschheit die Gelegenheit bestand, die Freiheit ihres Aufstiegs derart einfach und wundervoll zu erlangen, wie es jetzt in diesen erstaunlichen Zeiten möglich ist, in welcher der Aufstieg des Planeten vorbereitet wird. Es gibt nun diese außergewöhnliche Gelegenheit für all diejenigen der Menschheit, die ihre spirituelle Freiheit erlangen möchten und die dazu bereit sind, all das Erforderliche dafür zu tun.
(Dieses Buch enthält Auszüge aus Telos-Buch 3).

Gebete & Anrufungen zu den sieben heiligen Flammen

Broschur, 96 Seiten, EUR 12,90/CHF 20,50 ISBN 978-3-933470-13-3

Dieses Buch enthält die Gebete für die sieben heiligen Flammen und hingebungsvolle Gebete für die Welt und die eigene Transformation. "Es spielt keine Rolle, welcher Religion du angehörst. Die Verwendung der spirituellen Gebete, Affirmationen und Dekrete wird deine Schwingung immer stärker anheben und deine Transformation beschleunigen. Es ist einer der effektivsten Wege, die Energien der Liebe und des Lichtes in deinen Chakren und in jedem Aspekt deines Wesens anzureichern. Mache es dir zur Gewohnheit, diese Gebete in deinem täglichen Leben zu sprechen und das Licht anzurufen, um die vielen Schichten der Dichte und der karmischen Rückstände, die sich über lange Zeit hinweg angehäuft haben, zu reinigen. Die Anwendung der Invokationen und des gesprochenen Wortes wird dich, wenn sie gewissenhaft und mit Liebe und Hingabe durchgeführt wird, bei der Rückverbindung mit deinem Höheren Selbst unterstützen. Sie steigert das Licht, das du in allen Aspekten deines Seins halten kannst und bereitet dich somit auf den Aufstieg vor." ***Sananda mit seiner geliebten Zwillingsflamme Lady Nada.***

Die Telos-Broschüre (Auszug aus Telos-Buch 2)

Die Auswirkungen der Verwendung bewusstseinserweiternder Drogen auf die spirituelle Entwicklung

Heft, EUR 9,90/CHF 15,90, ISBN 978-3-933470-18-8

Die Telos-Broschüre vermittelt einen umfassenden Einblick bezüglich der Auswirkungen von Drogen und allen anderen Suchtmitteln wie beispielsweise Alkohol und Tabak, auf die spirituelle Entwicklung und zeigt die energetischen Hintergründe des Suchtverhaltens sowie die Auswirkungen auf die verschiedenen Körper und die Aura auf.

Adama möchte mit dieser Broschüre allen Betroffenen helfen und Mut zur Transformation machen und ruft insbesondere zum Schutz und zur Hilfe von Jugendlichen auf.

Das Telos CD Set (2 CDs)

mit allen Meditationen aus den Telos Büchern 1-3

EUR 29,90/CHF 47,90 ISBN 978-3-933470-17-1

Adama führt uns mit diesen Meditationen zu den verschiedenen fünfdimensionalen Tempeln in Telos, in denen wir Heilung, Reinigung, Liebe sowie die Erleuchtungs- und Aufstiegsenergien erfahren können. Die Meditations CDs unterstützen den Zugang zu den höheren Mächten Lemuriens. Sprecherin beider CDs ist Renate Lippert.

CD 1 enthält folgende Meditationen:

1.) Zum Großen Jadetempel 15:19 2.) Die Reise zum Tempel des göttlichen Willens in Telos 20:45 3.) Reise zum Tempel der Violetten Flamme in Telos 18:39 4.) Reise zum Tempel der Erleuchtung 23:01

CD 2 enthält folgende Meditationen:

1.) Anrufung der Goldenen Flamme der Erleuchtung 3:58 2.) Reise zum Tempel der kristallrosafarbenen Flamme der Liebe 21:25 3.) Reise in den Aufstiegstempel von Telos 15:46 4.) Reise in den Tempel der Auferstehung in der fünften Dimension 21:34

NEUE Energie-Kristalle ! Jetzt verfügbar!

" TELOS "

Die Energie- und Lichtverbindung zu Telos.
Erhältlich in der Größe 50mm zu EUR 99.-/CHF 142.-
In D und CH portofrei, CH: Versand aus CH

TELOS: Adama

ist der Hohepriester und spiritueller Führer in der heiligen lemurianischen Lichtstadt namens Telos, nahe Mount Shasta, in Kalifornien. Adama verkörpert das Herz von Lemuria, was nicht weniger bedeutet, als das Herz der Liebe und des Mitgefühls und das Herz der Göttlichen Mutter sowie die Rückkehr des Christusbewusstseins auf diesem Planeten mit all seiner wundervollen Pracht. Adama kommt in den Büchern Telos Band 1 - 3 zu Wort und geht auf die beschleunigte Entwicklung und den Aufstieg der Menschheit ein.

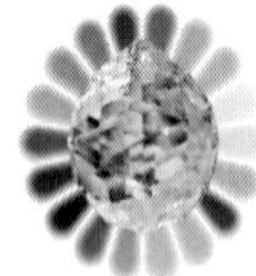

" ARCTURUS "

Die Energie- und Lichtverbindung zu Arcturus. *Erhältlich in der Größe 40mm zu EUR 99.-/CHF 142.- Lieferung in In D und CH portofrei, CH: Versand aus CH*

Zu den Arcturianern bieten wir zudem in unserem Hauptprogramm die Bücherserie von David K. Miller an, sowie zwei CDs.

Die Arcturianer von Arcturus

sind sehr hoch entwickelte spirituelle Wesen aus der fünften Dimension, welche über außergewöhnliche Heilungsfähigkeiten verfügen. Sie helfen der Menschheit bei ihrer spirituellen Geburt in die fünfte Dimension und unterstützen diesen Prozess energetisch. Durch die Bücher und die CD von David Miller können wir buchstäblich in Verbindung mit den Arcturianern treten und uns von diesen wundervollen Wesen in unserem persönlichen Transformationsprozess unterstützen lassen.

Renate Lippert - Der Transformationsprozess

Buch, 96 S. inklusive Transformations-CD, EUR 24,90/CHF 39,90

ISBN 978-3-933470-06-5

Wir leben in Zeiten der Transformation, der Veränderung und der Wandlung und erhielten die Gelegenheit, in dieser Zeit des intensiven spirituellen Wachstums hier auf Erden inkarniert zu sein. Doch was bedeutet dieser Transformationsprozess für uns? Was erfordert er von uns? Wie können wir die tief sitzenden Muster in uns lösen, unseren Körper und unseren Alltag der Schwingungserhöhung anpassen und dennoch den wachsenden Anforderungen des äußeren Lebens gerecht werden? Wie können wir das, was wir seit Leben mit uns herumtragen und als Generationenmuster immer weitergegeben wurde, nun "in diesem Leben" auflösen und gleichzeitig in Balance bleiben? Diesen wichtigen Fragen geht dieses Buch auf den Grund. Es beschreibt auf praktische Weise die Hintergründe, spirituellen Zusammenhänge und den Sinn des Transformationsprozesses und zeigt wertvolle Hilfen und Methoden auf. Die beiliegende, von der Autorin geführte Transformations-CD, enthält unterstützende Übungen und Meditationen, hilft die eigenen Transformations- und Schattenthemen zu erkennen und in Kontakt mit der Christusenergie und der Gnadenschwingung umzuwandeln. Ein wichtiger Leitfaden, praktisch orientiert, der uns sicher durch den Transformationsprozess begleitet!

Renate Lippert Das Geheimnis der Bejahungen

96 S. EUR 12,90/CHF 20,50 ISBN 978-3-933470-12-6

Das Sprechen von Bejahungen und Affirmationen ist gemeinsam mit den Visualisationen zu einer sehr populären Methode der Wunscherfüllung geworden. Aber was ist das Ziel unserer Wünsche? Worauf richten wir unsere Aufmerksamkeit? Worum geht es uns wirklich, wenn wir unser geistiges Wachstum in den Mittelpunkt unseres Lebens stellen und dem Aufstieg entgegengehen?

Dieses Buch beantwortet all diese Fragen und zeigt uns den Weg, wie wir unseren menschlichen Willen und unser Wollen in Einklang mit dem göttlichen Willen bringen können, der stets unsere größtmöglichen Wachstumschancen beinhaltet. Fassen wir den Mut, unseren Eigenwillen aufzugeben und uns einer höheren Macht anzuvertrauen und hinzugeben.

Letztendlich führt uns dieser Weg in die Befreiung und ist ein unverzichtbarer Schritt auf dem Weg zur Meisterschaft. Wir suchen mit dieser Methode nicht im Äußeren nach einer Lösung und geben das Resultat auch nicht im Detail vor, sondern gehen direkt, mittels den gesprochenen Bejahungen, zur Quelle unseres göttlichen Ursprungs und erfahren auf diese Weise die direkte göttliche Führung in unserem Leben und die individuelle Lösung von Problemen. Eine umfassende Auflistung sehr wirkungsvoller Bejahungen für die verschiedenen Bereiche des Lebens wie Gesundheit, Erfolg, Wohlstand, Glück, spirituelles Wachstum etc., lässt dieses Buch zu einem unverzichtbaren täglichen Begleiter für das spirituelle Wachstum werden!

Dr. Joshua David Stone / Rudolf Lippert
Methoden zum kraftvollen geistigen Schutz
(Psychische Selbstverteidigung) Set: Buch & CD!

Dieses Buch und die beiliegende CD bieten alles, was man für einen umfassenden kraftvollen geistigen Schutz benötigt. Man könnte es auch "Wie man ein starkes physisches, emotionales, mentales und spirituelles Immunsystem aufbaut" nennen.

Inhalt der beiliegenden CD - besprochen von Rudolf Lippert:

1 Mentale Rüstung 2 Schutzgebet Vater Unser 3 Schutzgebet Lichtmantel 4 Schutzgebet Christuslicht 5 Extrem kraftvoller geistiger Schutz 6 Seelenmantra / 7 Lichtdusche 8 Befreiungsgebet 9 Affirmationen zur eigenen Stärkung 10 Gebet zum Schutz 11 Gebet zur Schwingungserhöhung 12 Lichtsäulengebet 13 Die Große Invokation 14 Durchtrennen der negativen Verbindungen

Set: EUR 24,90/CHF 39,90
Buch 64 S., CD: 79:15 min.
ISBN 978-3-933470-51-5

Ein geistiger Schutz, der alle Aspekte integriert beeinhaltet. Es ist ein "Wie wird es genau gemacht"- Buch mit einer randvollen "Wie wird es genau gemacht"- CD. Alle Übungen sind geführt gesprochen, so dass sie sehr praktisch umgesetzt werden können.

CD Transformation von Ängsten *ISBN 978-3-933470-34-8, EUR 21,90/CHF 31,90*

Sprecherin und Autoren: Renate Lippert / Dr. Joshua David Stone

Auf unserem Aufstiegs- und Einweihungsweg werden wir alle mit dem Thema der eigenen Ängste konfrontiert. Diese zu transformieren, ist ein wesentlicher Aspekt der geistigen Entwicklung, da wir die niederen Schwingungen, welche Ängste in uns erzeugen, im Laufe der Zeit in eine höhere Schwingung umwandeln. Der Grad des eigenen Lichtquotienten und der eigenen Schwingung, die wir beständig halten können, ist entscheidend für unseren Entwicklungsstand. Mit den geführten Übungen, dem Matrix-Entfernungsprogramm der Kernangst, den tief greifenden Erläuterungen und Hilfen dieser CD bist du gut gerüstet, um deine Ängste auf deinem Entwicklungsweg zu transformieren und daran zu arbeiten, dein eigenes Schwingungsniveau dauerhaft zu erhöhen.

Das abschließende Kapitel über "Das göttliche Bewusstsein" enthält zudem grundlegende spirituelle Informationen, welche den Zusammenhang der Angst mit der Wirkungsweise des negativen Egos erläutern. Eine unschätzbare Hilfe für den eigenen Aufstiegsweg!

1 Einführung 01:54 / 2 Meditationsübung zur Befreiung von Ängsten - Das Matrix-Entfernungsprogramm der Kernangst 24:18 / 3 Kurzübung zur Befreiung von Ängsten 16:12 / 4 Sieben Punkte, um sich von Angst zu befreien 11:49 / 5 Das göttliche Bewusstsein 14:00 Gesamtspieldauer: 68:23

Die heiligen Flammen (Aktivierung !)

Wir reisen zu den zwölf heiligen Flammen und ihren Meistern und integrieren ihre jeweilige spirituellen Qualitäten und Frequenzen. Nach dem Besuch weiterer wundervoller Flammen und Meister der inneren Ebenen kommen wir als Krönung in Kontakt mit der Flamme Gottes, welche die gesamte Schöpfung durchdringt und erhält.

Gott und die Erzengel

Erzengel Metatron begleitet uns zu den Erzengeln der sieben Strahlen, von denen wir in besonderen heiligen Ritualen die jeweiligen Segnungen ihrer persönlichen Energiequalitäten erfahren. Die Qualitäten des Schutzes, des Willens, der Kraft, Liebe, Intelligenz, Harmonie und Kreativität, Heilung und Weisheit, Hingabe und Transformation werden in dieser Aufstiegsaktivierungs-Meditation tief in uns verankert.

(Aktivierung !)

Schutzmeditation der kosmischen und planetaren Hierarchie / Kosmische Aufstiegs-Aktivierung im Tempel Gottes

Durch die kraftvollen Schutzrituale der verschiedenen Meisterinnen und Meister, Engel und geistigen Wesen errichten wir in dieser intensiven Schutzmeditation einen permanenten Schutz um uns und unser Heim. Dieser umfassende Schutz kann in Sekundenschnelle täglich reaktiviert werden. Wir erfahren durch diesen beständigen Schutz auch eine Zunahme unserer persönlichen Kraft! Eine äußerst wertvolle Hilfe für den Aufstiegsprozess! Im Tempel Gottes empfangen wir die wundervollen schwingungserhöhenden Segnungen verschiedener Aufgestiegener Meister, Erzengel und wundervollen geistigen Wesen, welche unseren Aufstiegsprozess aktivieren.

Aufgestiegene Meisterinnen

1. Quan Yin - Barmherzigkeit und Mitgefühl 18:15 / 2. Mutter Maria - Die reine Vergebung des Herzens 25:01 / 3. Lady Nada - Hoffnung und Liebe 19:00 4. Pallas Athene - Göttin der Wahrheit 15:38

Wir erfahren ihre bedingungslose Liebe, Barmherzigkeit, Gnade, mütterliche Fürsorge, ihr Mitgefühl und ihre heilende Kraft wie auch ihre Stärke, Entschlossenheit, Durchsetzungskraft und ihren Mut. Die Hinwendung zur weiblichen Kraft ist sowohl für Frauen wie auch für Männer von entscheidender Bedeutung. Durch die Balance der weiblichen und männlichen Energien können wir die Dualität überwinden und uns dem Einssein mit allem Leben öffnen.

R. Lippert-Verlag Hartgass 9, D-88639 Wald, Tel. 07578-2229, Fax. /-933194 www.lippert-verlag.de, service@lippert-verlag.de

PREISE: CD Die heiligen Flammen, Gott und die Ezengel und Schutzmeditation/ kosmische Aufstieg-Aktivierung je CD EUR 21,90/CHF 34,90.
CD Aufgestiege Meisterinnen EUR 19,90/CHF 31,90. Portofreie Zusendung in D.

ISBN 978-3-933470-72-0
224 S. EUR 19,90/CHF 31,90

Dr. Joshua David Stone

Quan Yins Meisterprinzipien für Gesundheit, Kraft & Fülle

Quan Yin - Göttin der Barmherzigkeit und des Mitgefühls

Die wichtigen Themen Gesundheit, Kraft und Fülle werden von der Aufgestiegenen Meisterin Quan Yin eingehend aus spiritueller Sicht erläutert und als praktisches Übungsprogramm zum persönlichen Umgang im eigenen Leben vorgestellt.

Die Meisterprinzipien für Gesundheit, Kraft und Fülle beinhalten unter anderem: **Gesundheit:** Die Suche nach der Quelle des Lebens, das Erkennen der eigenen Seele, die spirituelle Regeneration, die Selbstheilungskräfte, die Ganzheit, die Reinheit und Strahlkraft der Aura, die Ursachen der Krankheiten und den Umgang mit Gesundheitslektionen aus höherer Sicht. **Kraft:** Die eigene Standhaftigkeit, Entschlossenheit, Selbstdisziplin, die Kraft des Glaubens, der Stille und des Schweigens, der Weisheit, des Loslassens und der Authentizität. **Fülle:** Innerer und äußerer Reichtum, diesen zu erkennen, ihn zu erschließen und in höherem, verantwortungsbewusstem Sinne damit umzugehen.

Dr. Joshua David Stone

Das 21-Tage-Programm
zur Überwindung von Süchten & Gewohnheiten

Broschüre
EUR 9,90/CHF 15,90
ISBN 978-3-933470-52-2

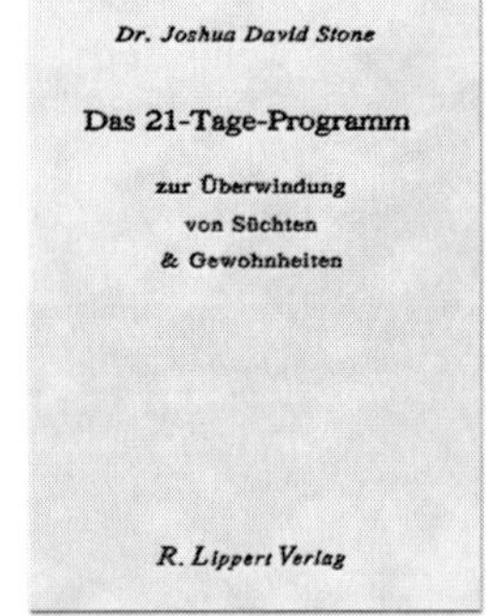

Dr. Stones gemeinsam mit den Aufgestiegenen Meistern erstelltes 21-Tage-Programm zur Überwindung von Gewohnheiten und Süchten zeigt uns einen klaren Weg auf, den wir gehen können, sie zu überwinden.

Die Telos-Broschüre (Auszug aus Telos-Buch 2)

Die Auswirkungen der Verwendung bewusstseinserweiternder Drogen auf die spirituelle Entwicklung

Heft, EUR 9,90/CHF 15,90, ISBN 978-3-933470-18-8

Die Telos-Broschüre vermittelt einen umfassenden Einblick bezüglich der Auswirkungen von Drogen und allen anderen Suchtmitteln wie beispielsweise Alkohol und Tabak, auf die spirituelle Entwicklung und zeigt die energetischen Hintergründe des Suchtverhaltens sowie die Auswirkungen auf die verschiedenen Körper und die Aura auf.

Adama möchte mit dieser Broschüre allen Betroffenen helfen und Mut zur Transformation machen und ruft insbesondere zum Schutz und zur Hilfe von Jugendlichen auf.

Das komplette Aufstiegshandbuch

Dr. Joshua David Stone

Wie man den Aufstieg in diesem Leben erreicht

Ein Rundumbegleiter, der alles für den sicheren Aufstieg enthält! Dieses Kompendium enthält ausführliches spirituelles Wissen, Aufstiegstechniken, die Beschreibung der Einweihungen, der Seele und Monade, der Strahlen und der kosmischen Hierarchie, Meditationen, Anrufungen, eine klare Beschreibung des Aufstiegspfades und alle Mittel, um ihn erfolgreich zu gehen! Der Aufstieg steht nicht mehr nur als Begriff im Raum, sondern ist Teil des persönlichen Entwicklungsweges. Dr. Stone holt uns dort ab, wo wir in unserer spirituellen Entwicklung stehen, nimmt uns an die Hand und führt uns Schritt für Schritt, mit enormem spirituellem Wissen, sicher wie ein Lotse, durch die einzelnen Stadien auf dem Weg zu unserem eigenen Aufstieg.

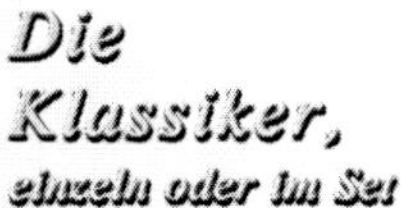

Das komplette Aufstiegs-Handbuch 416 S., geb.
EUR 29,90/CHF 47,90
ISBN 978-3-933470-60-7

Seelenpsychologie 448 S., gebunden
EUR 32,90/CHF 52,50
ISBN 978-3-933470-61-4

Paket-Angebot:
Das komplette Aufstiegs-Handbuch/ & Seelenpsychologie
EUR 59,90/CHF 95,90

Eine Rundumbegleitung, die alles für den sicheren Aufstieg enthält: ausführliches Wissen, Meditationen und Anrufungen, ein Aufzeigen des Weges und alle Mittel um ihn erfolgreich zu gehen.
Ein Kompendium das alles Essenzielle enthält.

Seelenpsychologie

Die Schlüssel zum Aufstieg

Mit diesem Buch dringen wir zu den tieferen Schichten unserer Seele und Persönlichkeit vor, was für unseren Aufstiegspfad von größter Bedeutung ist. Wir erkennen die Dinge und Zusammenhänge, die uns und unser Leben beeinflussen und wie wir ihnen durch Bewusstsein, Klarheit und die Entwicklung unserer persönlichen Kraft begegnen können. Die Funktion des Bewusstseins und Unterbewusstseins und dessen Umprogrammierung, die Entwicklung der persönlichen Kraft, bedingungslose Selbstliebe und das Innere Kind, das Christusbewusstsein, die Aura und die Chakren, die Schwierigkeiten und Fallen auf dem Weg zum Aufstieg, Liebesbeziehungen und Sexualität, das Emporsteigen der Kundalini, Heilung der Emotionen, die Ausbalancierung und Integration der vier Körper und der drei Verstandesebenen, Channeling, geistige Gesetze und vieles mehr gehört zu den interessanten Themen dieses Buches.

Die Selbstverwirklichung auf der Persönlichkeitsebene, der Seelenebene und der spirituellen Ebene ist das Ziel dieser kostbaren Perle von Dr. Stone!

Vergiss nie, dass das Leben nichts ist, als ein Wachsen in der Liebe und ein Vorbereiten auf die Ewigkeit.

Geistige Gesetze

Die geistige und spirituelle Entwicklung des Menschen
von Karl Haas Buch, 320 S., EUR 24,90/CHF 39,90 ISBN 978-3-933470-92-8

In unserer Zeit radikaler Wandlungen und großer Unordnung bedeutet „geistige Entwicklung" die Rückkehr zur alleinen universellen Ordnung, um die geistige Harmonie wieder herzustellen. Die „spirituelle Entwicklung" soll hinführen zur universellen Liebe und zur Erkenntnis des Göttlichen in uns.

Dieses Buch enthält eine wahre Fundgrube geistiger grundlegender Informationen, die in den einzelnen Kapiteln eingehend erläutert werden.

Auszüge aus dem Inhalt: * Die geistigen Gesetze * Anregungen zur Arbeit mit den geistigen Gesetzen * Die Lernschritte der geistigen Entwicklung * Die Aufgabe des Lebens * Krankheit und ihre Ursachen * Karma * Die Entwicklungsspirale * Die Entwicklung der universellen Liebe * u.v.m.

Ing. Karl Haas, Jahrgang 1944, beschäftigt sich seit vielen Jahren mit ganzheitlicher Lebensführung. Durch seine Ausbildung als Techniker ergab sich eine ideale Synthese zwischen physischen und geistigen Komponenten. Er ist Mitglied des Verbandes für Radiästhesie.

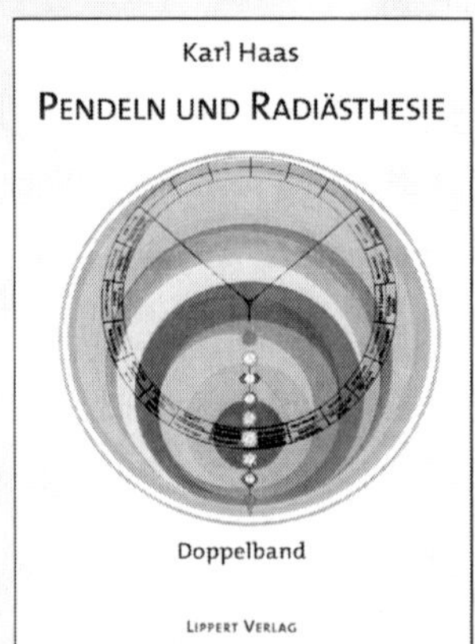

Pendeln & Radiästhesie Doppelband

von Karl Haas Buch, 184 S., EUR 19,90/CHF 31,90 ISBN 978-3-933470-91-1

Pendelbuch:

In diesem Buch wird die Pendeltechnik des geistigen Pendelns grundlegend erläutert. Mit großer Sorgfalt erklärt der Autor die genaue Vorgehensweise, gibt wichtige Hinweise für die Praxis und vermittelt vorbereitende Übungen zur Aktivierung der Gehirnhälften und zum Ausschalten der Gedanken. Die im Buch enthaltenen Pendeltabellen, Hilfen für die geistige Entwicklung, verschiedenen Gebete zur Auflösung und Heilung bestimmter Situationen sowie die enthaltenen Chakra-Übungen dienen dem Leser als profunde spirituelle Werkzeuge für den eigenen geistigen Entwicklungsweg.

Radiästhesie-Buch:

Derzeit befindet sich die Erde in einer Anhebungsphase des Schwingungspotentials. Dies bewirkt eine Verstärkung aller Strahlungsfelder auf der Erde. Der Mensch muß daher auch sein persönliches Schwingungspotential anheben und mit dieser Situation umgehen lernen, um überleben zu können. Denn nur wenn wir uns mit Feldern in negativer Resonanz befinden, sind diese für uns gefährlich. In dem Fall spricht man von Störzonen. Positive, lichtvolle Strahlungsfelder umspannen die gesamte Erde, wobei diese an den verschiedensten Punkten besonders intensiv zu Tage treten. Diese werden Orte der Kraft genannt. Dieses Buch vermittelt einen umfassenden Überblick zum Thema der Radiästhesie (Schwingungsempfindung) und dient gleichermaßen als praktisches Arbeitsbuch.

Befreiter Alltag - Freies Leben

Gebete als Lebenshilfe. Von Karl Haas

Buch, 192 Seiten EUR 19,90/CHF 31,90 ISBN: 978-3-933470-93-5

Beschrieben wird, wie geistige Beeinflussungen entstehen und wie sie jeweils über entsprechende "Befreiungsgebete" erlöst werden können. Diese Beeinflussungen können von Substanzen wie Genussmitteln, Pestiziden, Kochgeschirr, Medikamenten sogar Trinkwasser ausgehen, aber auch von geistigen Giften wie etwa unterschwelligen Botschaften, negativen Gedanken, gesprochenen Worten, Musik, Lärm und Magie. Es werden die jeweils geeigneten Befreiungs- und Integrations-Gebete beschrieben als wichtige Mittel für den Weg der geistigen Entwicklung. Das ehemalige Buch: Geistige Gesetze Band 2 wurde unter diesem Titel editiert und ist nun im Lippert-Verlag erhältlich

Dr. Joshua David Stone

Goldene Schlüssel für Aufstieg und Heilung

Aufstieg und Heilung

420 Goldene Schlüssel

248 Seiten

EUR 24,90/CHF 42,80

ISBN 978-3-933470-71-3

Die 420 goldenen Schlüssel enthalten die Essenz der Lehren der Aufgestiegenen Meister, kompakt zusammengefasst und praktisch anwendbar, als wertvolle Hilfe für Heilung, Aufstieg und den Dienst in der Welt. Sie beinhalten praktische Methoden für die Meisterschaft, spirituelle Kernprinzipien wie Liebe, Hingabe und Dienen, die höhere Entwicklung, Manifestationsarbeit, Spiritualität in unserem täglichen Leben, Heilung aus höheren Dimensionen, Zusammenarbeit mit den Aufgestiegenen Meistern und vieles mehr.

Dieses großartige Nachschlage- und Basiswerk, das Dr. Stone zu Ehren von Sai Baba geschrieben hat, steht dem Lichtfreund täglich inspirierend zur Seite. Dieses Buch kommuniziert und gibt Antworten auf Fragen in schwierigen Lebenslagen, indem man seine Frage stellt und das Buch intuitiv öffnet und zu lesen beginnt. Die Antwort ist ein "goldener Schlüssel".

Set bestehend aus
zwei Energiekristall-Herzen
zur neuen Buch Serie:

Sag ‚JA' zur Liebe

Größe je 40mm ***EUR 89.-/CHF 126.-***
In D und CH portofrei, CH: Versand aus CH

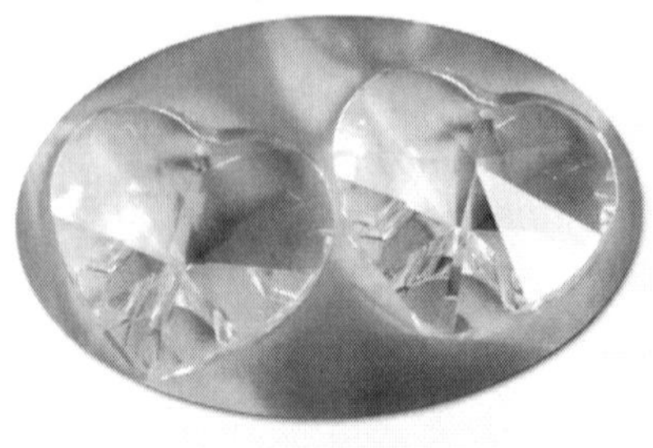

208 S., EUR 14,90/CHF 23,90
ISBN 978-3-933470-94-2

Energiekristall-Herzen für Seelengefährten

Diese Energiekristall-Herzen unterstützen die Öffnung des eigenen Herzens für die Liebe des Seelengefährten. Daher sind sie sowohl für Menschen geeignet, die sich ihren Seelengefährten wünschen wie auch für Seelengefährten-Paare.

Die Singles erhalten mit den Energiekristall-Herzen eine Meditationshilfe zur inneren und herzensmäßigen Ausrichtung auf den Seelengefährten und eine Unterstützung zur Auflösung der eigenen Herzensblockaden.

Die Seelengefährten-Paare können sich mithilfe der Herzen energetisch noch tiefer verbinden und erhalten dadurch auch eine schwingungsmäßige Unterstützung, um gemeinsam die Reifungsschritte einer Seelengefährten-Beziehung zu unterstützen.